Günter Reichelt

Günter Reichelt

Mensch. Unternehmer. Macher.

Zu viele Start-ups gehen trotz guter Geschäftsideen insolvent.

Du nicht.

Mensch. Unternehmer. Macher.

Günter Reichelt

Bibliografische Information der Deutschen Nationalbibliothek: Die Deutsche Nationalbibliothek verzeichnet diese Publikation in der Deutschen Nationalbibliografie; detaillierte bibliografische Daten sind im Internet über http://dnb.dnb.de abrufbar.

Die automatisierte Analyse des Werkes, um daraus Informationen insbesondere über Muster, Trends und Korrelationen gemäss §44b UrhG („Text und Data Mining") zu gewinnen, ist untersagt.

Das Werk, einschliesslich seiner Teile, ist urheberrechtlich geschützt. Jede Verwertung ist ohne Zustimmung des Autors unzulässig. Dies gilt insbesondere für die elektronische oder sonstige Vervielfältigung, Übersetzung, Verbreitung und öffentliche Zugänglichmachung.

© 2025 Günter Reichelt

Autor: Günter Reichelt

Verlag: Albis Philanthropie
Im Schaber 3, 8047 Zürich
www.albis-philanthropie.ch
www.mensch-unternehmer-macher.com

Druck: Libri Plureos GmbH, Friedensallee 273, 22763 Hamburg
Umschlaggestaltung: ChatGPT
Satz und Layout: Albis Philanthropie

ISBN: 978-3-033-11287-2

Mensch. Unternehmer. Macher.

Günter Reichelt

Inhaltsverzeichnis

Vorwort 9
Einführung 11

Teil 1: Die Grundlagen für den unternehmerischen Erfolg 15
    Kapitel 1: Unternehmer-Mindset - Die Haltung zum Erfolg 15
        1.1 Growth vs. Fixed Mindset 16
        1.2 Verantwortung übernehmen - radikal und ganzheitlich 17
        1.3 Mut zur Entscheidung – trotz Unsicherheit 18
    Kapitel 2 Leadership – Mehr als nur Management 20

Teil 2: Soft Skills – Die unterschätzten Erfolgsfaktoren 25
    Kapitel 1: Authentizität. Die stille Kraft hinter echter Wirkung 27
    Kapitel 2: Personale Soft Skills – Selbstführung & Resilienz 29
        2.1 Selbstdisziplin & Eigenverantwortung 30
        2.2 Selbstwirksamkeit & Umgang mit Rückschlägen 31
        2.3 Selbstfürsorge & Burnout-Prävention 32
        2.4 Praktische Übungen & Routinen 33

    Kapitel 3: Soziale Soft Skills – Kommunikation & Beziehungsführung 34
        3.1 Empathie – Der Schlüssel zu Vertrauen 35
        3.2 Klar & authentisch kommunizieren 35
        3.3 Konfliktfähigkeit – Umgang mit Spannungen 36
        3.4 Netzwerken – Beziehungen pflegen & Chancen nutzen 36

    Kapitel 4: Kommunikative Soft Skills – Die geheime Zutat für unternehmerischen Erfolg 37
        4.1 Aktives Zuhören 37
        4.2 Storytelling 38
        4.3 Verhandlungsgeschick 38
        4.4 Körpersprache & Ausdruck 39

Mensch. Unternehmer. Macher.

4.5 Empathische Kommunikation 39

4.6 Selbstbewusstes Auftreten 39

4.7 Lob – Die unterschätzte Kraft der Anerkennung 40

4.8 Kommunikation kann man lernen 43

Kapitel 5: Methodische Soft Skills – Die unterschätzte Superkraft für Unternehmer 43

5.2 Zeit- & Selbstmanagement 44

5.3 Kritisches & strategisches Denken 45

5.4 Agilität & Anpassungsfähigkeit 45

5.5 Strukturierte Entscheidungsfindung 46

5.6 Lernfähigkeit & Selbstreflexion 46

Kapitel 6: Selbstführung – Die wichtigste Führungskraft bist du selbst 47

6.1 Klarheit über Werte, Ziele und Prioritäten 48

6.2 Selbstdisziplin – Machen schlägt Motivation 48

6.3 Resilienz – Mit Rückschlägen wachsen 49

6.4 Energie-Management – Die unterschätzte Währung 50

6.5 Unternehmerische Reife – Selbstführung als Schlüssel 50

Teil 3: Führung im Aussen Menschen und Organisationen entwickeln 53

Kapitel 1: Unternehmerische Zielorientierung und Strategie. Klarheit, Ziele, Zeit & Fokus 54

1.1 Vision & Mission – Dein innerer und äusserer Kompass 54

1.2 Ziele setzen – realistisch, messbar, motivierend - konkret statt vage . 55

1.3 Unternehmensstrategie – von der Idee zur nachhaltigen Struktur 56

1.4 Kennzahlen & Erfolgsmessung – ohne Zahlen keine Steuerung 56

1.5 Routinen zur Zielverfolgung – vom Plan zur Umsetzung 57

1.6 Zeitmanagement – Führen durch Fokus 57

1.7 Fokus behalten – Nein sagen können 58

Kapitel 2: Unternehmerische Verantwortung – Mehr als Profit 59

    2.1 Verantwortung gegenüber Mitarbeitenden 59

    2.2 Verantwortung gegenüber Gesellschaft & Umwelt 59

    2.3 Unternehmerethik in Krisen 59

Kapitel 3: Unternehmersein als Lebensform – Ganzheitlich wachsen 60

    3.1 Wertebasiertes Handeln – überall 60

    3.2 Unternehmerfamilie: Die unsichtbaren Mitgründer 60

Kapitel 4: Erfolg neu definieren – Was bedeutet „gewinnen" wirklich? 60

    4.1 Der äussere vs. der innere Erfolg 61

    4.2 Erfolg ist eine Frage des Gleichgewichts 61

Kapitel 5: Haltung zeigen – Der innere Kompass 61

    5.1 Unternehmerische Prinzipientreue 62

    5.2 Langfristiges Denken kultivieren 62

    5.3 Beispiel: Haltung kostet – aber sie zahlt sich aus 62

Kapitel 6: Entscheidungen treffen – Klarheit trotz Unsicherheit 63

    6.1 Entscheidungskompetenz entwickeln 63

    6.2 Entscheidungen kommunizieren 63

    6.3 Beispiel: Die unbequeme Trennung 63

Kapitel 7: Teamführung – Vertrauen, Verantwortung, Kultur 64

    7.1 Psychologische Sicherheit schaffen 64

    7.2 Verantwortung übergeben – Empowerment statt Mikromanagement . 64

    7.3 Kultur gestalten – bewusst und authentisch 65

Kapitel 8: Führen im Spannungsfeld – Balance zwischen Nähe und Führung 65

Mensch. Unternehmer. Macher.

    8.1 Führungsrolle annehmen – nicht nur Kollege sein 65

    8.2 Entscheidungen treffen – auch wenn sie wehtun 66

Kapitel 9: Mensch bleiben – Die Kunst, bei sich zu bleiben 66

    9.1 Emotionale Selbstführung kultivieren 67

    9.2 Authentizität schlägt Perfektion 67

    9.3 Dankbarkeit & Demut 67

Teil 4 Marketing und Vertrieb. Alle wissen wie es geht. Woran liegt es, dass es meist nicht genug funktioniert? 69

    Kapitel 1: Marketing – Der Kunde als Kompass 69

    Kapitel 2: Vertrieb – Verstehen statt Überreden 77

        2.1 Der Wandel im Vertriebsverständnis 78

        2.2 Die wichtigste Fähigkeit im Vertrieb: EMPATHIE 78

        2.3 Die vier Phasen eines zeitgemässen Vertriebsprozesses 79

        2.4 Vertrieb beginnt nicht im Pitch – sondern im ersten Eindruck 80

        2.5 Kundenbindung ist der neue Vertrieb 81

        2.6 Vertrieb ist wie Marketing keine Abteilung – sondern eine Haltung 81

        2.7 Reflexionsfragen für deinen Vertrieb 82

Teil 5 Sonderteil 83

    Vorwort zum Sonderteil 83

Sonderkapitel 1: Dale Carnegies Prinzipien – Menschen gewinnen, Vertrauen aufbauen, nachhaltig führen. Wie man Freunde gewinnt 85

    1. Interessiere dich ehrlich für andere Menschen. Interesse zeigen – statt im Ich-Modus senden. 86

    2. Lächle – und schaffe emotionale Offenheit 87

3. Namen merken – kleine Geste, grosse Wirkung 87
4. Sprich mit Menschen über das, was sie interessiert 87
5. Gib ehrliche und aufrichtige Anerkennung 88
6. Zustimmung erzeugen – statt Widerstand provozieren 88
7. Das Ego deines Gegenübers stärken – nicht deines 89
8. Kritik vermeiden – Wertschätzung zeigen 89
9. Wie du durch echtes Interesse Vertrauen aufbaust 90
10. Lass andere das Gefühl haben, dass die Idee von ihnen kommt 90

Sonderkapitel 2: Gelassen führen – Was Unternehmer aus „Sorge dich nicht – lebe!" von Dale Carnegie für sich und ihr resilientes Leben lernen können. 93
1. Lebe in Tagesabschnitten – statt im Chaos der Zukunft 93
2. Akzeptiere das Schlimmste – und arbeite rückwärts 94
3. Höre auf, dich zu sorgen – fang an, zu handeln 94
4. Kritikresistenz entwickeln – statt Kritikangst 95
5. Fülle deinen Tag mit positiven Gedanken und Aktivitäten 95
6. Pflege kleine Freuden – als Ausgleich zu grossen Belastungen 96

Sonderkapitel 3: Klar. Echt. Wirksam. – Kommunikation als Erfolgsfaktor. Was Unternehmer aus „Besser miteinander reden" von Dale Carnegie lernen können 97
1. Sprich aus Erfahrung – nicht aus Theorie 97
2. Der Einstieg entscheidet – in den ersten 30 Sekunden 98
3. Rede mit Bildern – nicht in Floskeln 98
4. Zeige Begeisterung – aber sei kein Showmaster 99
5. Vorbereitung gibt Sicherheit – aber der Mensch berührt 100
6. Angst ist normal – aber nicht hinderlich 100
7. Kommunikation ist Beziehung – nicht Selbstdarstellung 101

Mensch. Unternehmer. Macher.

Sonderkapitel 4: Das Peter-Prinzip – Wenn Erfolg in die Unwirksamkeit führt..103

Sonderkapitel 5: Körpersprache – Die älteste Sprache der Welt 109
    1. Die Sprache, die nie schweigt 109
    2. Was Körpersprache über dich verrät 110
    3. Die Wirkung auf andere – und auf dich selbst 111
    4. Der Körper denkt mit: Bewegung schafft Perspektive 111
    5. Unternehmerische Körpersprache – Haltung zeigen 112
    6. Authentizität statt Rhetorik-Show 113
    7. Fazit: Ganzheitlich kommunizieren – mit Körper, Herz und Haltung 113

Sonderkapitel 6: Das Reichelt-Prinzip – Rückschläge als Startsignal für etwas Besseres – Rückschlag zur Chance.. 117

Praxis-Teil: Toolbox für Unternehmer – Werkzeuge & Reflexionen für den Alltag 123
    1. Morgenroutine für Klarheit & Fokus (15 Minuten täglich) 123
    2. Wöchentliche Selbstreflexion (15–30 Minuten) 124
    3. Monats-Check-in (60 Minuten / 1x pro Monat) 124
    4. Die 10-Punkte-Checkliste für Menschlichkeit im Unternehmeralltag 125
    5. Micro-Tools für stressige Phasen.. 125
    6. Die Unternehmer-Reflexion zum Jahresende 126

Nachwort: Unternehmer sein. Mensch bleiben. 127
Kurzprofil Günter Reichelt 128

Günter Reichelt

Mensch. Unternehmer. Macher.

Günter Reichelt

VORWORT

Als ich vor nunmehr sechs Jahrzehnten meine berufliche Laufbahn begann, hätte ich mir nicht träumen lassen, einmal ein Buch wie dieses zu schreiben. Damals, im Alter von 15 Jahren in einer Weberei mit 500 Mitarbeitenden, habe ich gelernt, was es heisst, **Kaufmann zu sein – im besten Sinne. Verantwortung übernehmen, zuverlässig, verlässlich und ehrlich sein, fair bleiben. Handschlag-Mentalität halt.** Die Grundwerte, die mir damals vermittelt wurden, begleiten mich bis heute – und sie sind aktueller denn je. Leider sind diese «historischen» Unternehmerwerte heute mehr oder weniger verloren gegangen. Ich bedaure das sehr, denn sie waren erfolgreich.

In den vielen Jahren als Unternehmer, Gründer, Mentor und Beobachter der Wirtschaft habe ich unzählige Start-ups scheitern sehen. Oft waren es brillante Ideen, mit Herzblut entwickelt – aber ohne das richtige Fundament. Nicht die Technik hat gefehlt, nicht der Markt, nicht das Kapital – **es waren die für Unternehmer so wichtigen menschlichen Fähigkeiten**, die nicht ausgereift waren. Führung, Haltung, Reife, Klarheit, Empathie.

Dieses Buch ist mein Beitrag, um das zu ändern.
Ein Wegweiser für junge Unternehmerinnen und Unternehmer – aber auch für all jene, die Verantwortung übernehmen und dabei Mensch bleiben wollen.

Ich schreibe dieses Buch nicht aus akademischer Perspektive, sondern aus gelebter Erfahrung. Es ist das, was ich mir damals gewünscht hätte, als ich meine ersten Schritte gegangen bin. Und, es gehört daher dazu, dass es unter anderem auch eine Zusammenfassung vieler mich in meinen Anfängen inspirierenden Bücher und Weiterbildungen enthält, die mich auch zu dem gemacht haben, was ich heute bin.

Mensch. Unternehmer. Macher.

Mit 21 Jahren habe ich mich gefragt: warum machen ältere Menschen weniger Fehler als ich? Dieses Buch soll vieles davon auch dir zum Überdenken anbieten.

Und es ist mein Wunsch, dass es dich ein Stück deines Weges begleitet – ehrlich, praxisnah und mit Herz.

Herzlichst,
Günter Reichelt
Zürich, im Frühjahr 2025

Günter Reichelt

EINFÜHRUNG

50 bis 60 Prozent aller Unternehmensgründungen, einschliesslich Betriebsübernahmen und Umwandlungen, scheitern innerhalb der ersten fünf Jahre. Bei Start-ups ist dieser Prozentsatz höher.

Das ist nicht nur eine nüchterne Statistik – dahinter verbergen sich Träume, Hoffnungen, finanzielle Risiken und oft auch tiefe persönliche Einschnitte. Schlimmer noch: Viele dieser Start-ups hatten richtig gute Ideen. Ideen, die unsere Wirtschaft, unsere Gesellschaft, unsere Zukunft bereichern könnten. Und trotzdem verschwinden sie – oft still und leise.

Das ist nicht nur schlecht für die betroffenen Gründer und Beteiligten, sondern auch besonders nachteilig für unsere Wirtschaft, für die Zukunft unserer Gesellschaft. Wir brauchen dringend die unnötig gescheiterten Unternehmen für unser aller Wohlergehen.

Dieses Buch soll dazu beitragen, dass nicht so viele Unternehmen insolvent gehen.

Wer die typischen Gründe für dieses Scheitern recherchiert, findet fast ausschliesslich technische oder betriebswirtschaftliche Erklärungen: falsches Pricing, unpassende Märkte, zu grosse Konkurrenz, schwache Finanzierung, unklare Rollen im Gründerteam. Alles richtig. Und doch nicht genug.

Denn was viele übersehen: Es scheitern nicht nur Geschäftsmodelle – es scheitern Menschen.

Nicht, weil sie zu wenig wollten. Sondern weil ihnen etwas fehlte, das in keiner Excel-Tabelle steht:

Mensch. Unternehmer. Macher.

Das richtige Mindset. Die Fähigkeit zur echten Führung.
Und ein solides Fundament an menschlichen – sogenannten „weichen" – Fähigkeiten: Soft Skills.

Wer als Unternehmerin oder Unternehmer erfolgreich sein will, braucht mehr als einen Businessplan. Es braucht **innere Haltung, Reflexionsfähigkeit, Begeisterung, Resilienz – und vor allem: Verständnis für Menschen.**

Denn: **Unternehmer arbeiten selten mit Maschinen. Sie arbeiten mit Menschen.**

Und wer mit Menschen arbeitet – Mitarbeitende, Partner, Kundinnen und Kunden – muss lernen, diese zu verstehen, zu führen, zu begeistern. Und genauso auch: sich selbst.

Wenn wir mit **Maschinen** arbeiten, lernen wir zuerst die Bedienungsanleitung. Wir wissen: Wenn wir etwas falsch bedienen, geht es kaputt.

Im Umgang mit **Menschen** ist es ähnlich – nur komplexer. Denn es gibt nicht die eine Bedienungsanleitung für den Menschen. Es gibt aber Prinzipien, Erfahrungen und Fähigkeiten, die man lernen kann – genau wie Rechnen und Schreiben.

Genau hier setzt dieses Buch an.

Es ist kein Handbuch für Tools oder Prozesse.
Es ist ein Wegweiser für das, was wirklich zählt:
Die menschlichen und unternehmerischen Eigenschaften, die du benötigst, um langfristig erfolgreich, wirksam – und zufrieden – zu sein.

Günter Reichelt

Warum dieses Buch?

Weil ich in fast fünf Jahrzehnten Unternehmertum gesehen habe, dass nicht die klügsten oder lautesten Unternehmer gewinnen – sondern die, die **menschlich stabil**, **selbstreflektiert** und **kommunikativ stark** sind. Die, die nicht nur Unternehmen aufbauen, **sondern auch sich selbst.**

Mit diesem Buch bekommst du einen Werkzeugkasten für das, was in kaum einem Gründerseminar vorkommt: **die menschliche Seite des Unternehmerseins.** Du bekommst auch ein Workbook, mit dem du immer arbeiten kannst, um mehr und mehr alles zu verinnerlichen.

Es soll dich inspirieren, stärken und begleiten. Mit praktischen Beispielen, ehrlichen Einblicken und erprobten Strategien. Nicht als Theorie. Sondern aus der Praxis für die Praxis. Mit klaren Gedanken. Mit ehrlichen Beispielen. Mit Impulsen zur Selbstführung und Führung anderer.

Und das Buch soll dich befähigen nicht unnötig insolvent zu gehen. Für dich und für unsere Gesellschaft.

**Mit einer klaren Botschaft:
Man kann erfolgreicher Unternehmer werden – und trotzdem Mensch bleiben und sehr erfolgreich werden.**

Ich wünsche dir viel Freude, wertvolle Aha-Momente – und vor allem: echten Erfolg auf deinem Weg.

Günter Reichet

Günter Reichelt

Mensch. Unternehmer. Macher.

Zu viele Start-ups gehen trotz guter Geschäftsideen insolvent.

Du nicht.

Günter Reichelt

TEIL 1: DIE GRUNDLAGEN FÜR DEN UNTERNEHMERISCHEN ERFOLG

Kapitel 1: Unternehmer-Mindset - Die Haltung zum Erfolg

„Ob du glaubst, du kannst es, oder du kannst es nicht – du wirst auf jeden Fall recht behalten." – Henry Ford

„Unsere Gedanken formen unser Handeln – unser Handeln formt unser Unternehmen." – Günter Reichelt

Warum Mindset über alles entscheidet.
Fachwissen lässt sich lernen. Tools kann man sich aneignen. Doch ohne das richtige Mindset bleibt auch das beste Wissen kraftlos. Erfolgreiche Unternehmer unterscheiden sich von anderen nicht durch einen IQ-Test oder durch Startkapital – sondern durch ihre **innere Haltung**, ihr Denken und Handeln in kritischen Situationen, ihre Art, mit Misserfolgen und Unsicherheit umzugehen.

Das sogenannte *Growth Mindset*, also die Überzeugung, dass Fähigkeiten und Erfolg durch Einsatz, Lernen und Anpassung wachsen können, ist der mentale Grundstein für unternehmerischen Erfolg.

Der Start in die Selbstständigkeit ist aufregend, mutig und oft voller Hoffnung. Doch die Wahrheit ist: Nur wenige junge Unternehmer scheitern an der Geschäftsidee – viele scheitern an sich selbst. Und genau hier setzt das Unternehmer-Mindset an: Es ist die mentale Grundausstattung, mit der du dich den Herausforderungen deines Weges stellst.

Es ist nicht das Wissen allein, nicht die Tools, nicht das Kapital – sondern deine **innere Haltung**, die langfristig entscheidet, ob du bestehen wirst. Erfolgreiches Unternehmertum beginnt zwischen den Ohren.

Lernen aus Fehlern, nicht aus Ausreden

Fehler sind Lernchancen, keine Peinlichkeiten. Unternehmer sehen Rückschläge als Feedback und Gelegenheit zur Verbesserung – nicht als Niederlage. Wer jedes Scheitern als Teil des Wachstums versteht, ist langfristig nicht aufzuhalten.

Selbstdisziplin & Fokus auf Wirkung

Die meisten Jungunternehmer sind motiviert – aber viele sind zu sprunghaft. Unternehmer mit klarem Mindset wissen: Es geht nicht darum, beschäftigt zu sein, sondern **wirksam** zu sein. Disziplin ist die Brücke zwischen Ziel und Erfolg.

Den Sinn im Tun erkennen

Unternehmer, die „nur Geld verdienen wollen", brennen schnell aus. Wer aber einen echten Sinn in seiner Arbeit sieht – sei es ein gesellschaftlicher Beitrag, ein Problem, das man lösen will, oder ein echtes Anliegen – der hat eine innere Flamme, die auch in stürmischen Zeiten leuchtet.

1.1 Growth vs. Fixed Mindset

Die Psychologin Carol Dweck prägte zwei zentrale Denkweisen: das **Fixed Mindset** (statisches Denken) und das **Growth Mindset** (dynamisches Denken).

- Menschen mit einem *Fixed Mindset* glauben: „Ich bin so, wie ich bin. Fähigkeiten sind angeboren."

- Menschen mit einem *Growth Mindset* glauben: „Ich kann lernen, wachsen, mich weiterentwickeln."

Ein Unternehmer mit Growth Mindset geht Rückschläge als Lernchance an, sucht nach Lösungen, nicht nach Schuldigen – und hält durch.

Beispiel:
Du erhältst harsches Feedback zu deinem Pitch? Ein Growth-Mindset-Unternehmer fragt: *„Was kann ich daraus mitnehmen?"* – ein Fixed-Mindset-Unternehmer denkt: *„Ich bin nicht gut genug."*

Tipp:
Schreibe dir auf: *„Ich bin ein Unternehmer, der jeden Tag dazu lernt."* Lies diesen Satz jeden Morgen laut.

1.2 Verantwortung übernehmen - radikal und ganzheitlich

Wer unternehmerisch tätig ist, kann sich nicht hinter Strukturen oder Kollegen verstecken. Unternehmer übernehmen Verantwortung – für ihr Handeln, für das Ergebnis, für ihr Team. Nicht die Umstände zählen, sondern was man daraus macht.

Verantwortung zu übernehmen bedeutet: **Ich bin die Ursache – nicht das Opfer.**
Viele scheitern nicht an äusseren Umständen, sondern daran, dass sie anderen die Schuld geben: dem Markt, dem Team, dem Wetter.

Erfolgreiche Unternehmer wissen: **„Ich bin verantwortlich für meine Ergebnisse – Punkt."**

Das bedeutet nicht, dass du immer alles im Griff hast – aber du hast immer die Wahl, wie du darauf reagierst.

Mensch. Unternehmer. Macher.

Prinzip aus Dale Carnegie („Sorge dich nicht – lebe"):

„Die meisten Menschen machen sich Sorgen über Dinge, die nie eintreffen. Stattdessen solltest du handeln – nicht grübeln."

1.3 Mut zur Entscheidung – trotz Unsicherheit

In der Schule lernen wir, dass es immer eine richtige Lösung gibt. In der Realität trifft man Entscheidungen oft mit unvollständigen Informationen. Häufig muss man auch zwischen zwei falschen Lösungen entscheiden.

Wer zögert, verliert. Wer entscheidet, gewinnt – selbst wenn die Entscheidung im Nachhinein angepasst werden muss.

Unternehmer treffen täglich Entscheidungen – ohne alle Informationen zu kennen. Das braucht Mut.

Denn es gibt keine Garantien, keine perfekten Lösungen. Es gibt nur das Prinzip: **Treffen, testen, lernen, anpassen.**

Beispiel:
Du überlegst, ob du ein neues Feature entwickelst. Warte nicht auf 100 % Klarheit – handle bei 70 %, teste im Markt, optimiere.

Denn nichts kostet mehr als zu zögern.

Übung:
Überlege dir heute drei Entscheidungen, die du aufschiebst. Triff sie bewusst – mit dem Mut, sie ggf. später zu korrigieren.

Reflexionsfragen: Habe ich das richtige Mindset?
Nimm dir Zeit, ehrlich in dich hineinzuhören:

- Habe ich aktuell ein „Fixed Mindset" (starre Überzeugungen) oder ein „Growth Mindset"?
- Wie gehe ich mit Unsicherheit um? Versuche ich, alles perfekt zu wissen – oder erlaube ich mir, zu lernen?
- Welche Entscheidungen habe ich zuletzt nicht getroffen – und warum?
- Wie bewerte ich meine Fehler: als Schwäche oder als Lernchance?
- Bin ich ein Unternehmer aus Überzeugung oder aus Flucht vor einem Angestelltenjob?
- Reagiere ich auf Kritik mit Abwehr oder mit Interesse?
- Vermeide ich Entscheidungen aus Angst zu scheitern?
- Glaube ich, dass ich mein Potenzial noch erweitern kann?
- Mache ich andere verantwortlich – oder übernehme ich die Verantwortung?
- **Antworten brauchst du nicht für andere – sondern für dich selbst.** Dein Unternehmersein beginnt mit der Art, wie du denkst.

Ein Beispiel aus der Praxis
Lisa, 26, gründete ein nachhaltiges Verpackungs-Start-up. Als ihr erster Prototyp bei einem wichtigen Pitch versagte, war sie am Boden zerstört. Anstatt aufzugeben oder zu jammern, sprach sie mit den Testern, lernte aus dem Feedback, entwickelte in drei Wochen eine neue Lösung – und gewann sechs Monate später den Green Business Award.

Mensch. Unternehmer. Macher.

Was war der Schlüssel? Nicht bessere Technologie, sondern das Mindset, aus Fehlern zu lernen und Verantwortung zu übernehmen.

Handlungsempfehlung
- Setze dir als Jungunternehmer heute eine klare Intention:
- Ich werde Verantwortung für alles übernehmen, was ich tue.
- Ich entscheide, auch wenn es schwerfällt.
- Ich lerne aus Fehlern.
- Ich entwickle mich bewusst weiter.

Drucke dir diese vier Sätze aus, hänge sie über deinen Schreibtisch – und lies sie jeden Morgen.

Abschlussgedanke:
Dein Mindset ist kein fixer Zustand. Es ist wie ein Muskel – du kannst es trainieren. Jeden Tag. Die gute Nachricht: Der Muskel wächst genau dort, wo es wehtut.

Und das ist der Ort, an dem du als Unternehmer wachsen wirst.

Kapitel 2 Leadership – Mehr als nur Management

In vielen Unternehmen wird „Führung" immer noch mit Kontrolle, Zielvorgaben und Entscheidungsmacht verwechselt.
Doch echte Leadership beginnt nicht bei der Organisation anderer – sondern bei **der inneren Haltung zu Menschen und Verantwortung**.

Ein Leader ist kein Manager mit besseren Tools. Ein Leader ist jemand, der **bewegt – und sich bewegen lässt.** Der inspiriert, statt zu delegieren. Der befähigt, statt zu kontrollieren. Der verbindet, statt zu dominieren.

Was Leadership wirklich ausmacht.

Gute Führung ist nicht laut. Sie ist klar, mitfühlend und wirkungsvoll. Sie stützt sich auf **charakterliche Tiefe** und auf Kompetenzen, die sich nicht aus Excel-Tabellen ablesen lassen:

Vision

Leadership beginnt mit einer Idee davon, wo es hingehen soll.
Ein starker Leader hat ein Ziel vor Augen – und macht es für andere **sichtbar und bedeutungsvoll**.

Menschen folgen keiner Firma. Sie folgen einer Richtung mit Sinn.

Kommunikationsfähigkeit

Es reicht nicht, ein Ziel zu kennen – man muss es **klar kommunizieren** können. Leader sprechen nicht nur, sie **hören zu**. Sie stellen Fragen. Sie schaffen Raum für Austausch.

Motivation & Inspiration

Motivation weckt den Antrieb – Inspiration gibt dem Handeln Sinn.
Ein Leader erkennt, **was sein Team wirklich antreibt** – und berührt Herz und Verstand.

Begeisterungsfähigkeit & Leidenschaft

Wer nicht selbst brennt, kann kein Feuer entfachen.
Leidenschaft ist kein Nice-to-have – sie ist das **emotionale Fundament** von Führungskraft.

Zielstrebigkeit

Ein Leader bleibt **konsequent**, ohne stur zu sein.
Er kann Umwege zulassen, ohne das Ziel aus dem Blick zu verlieren.

Integrität

Die vielleicht wichtigste Eigenschaft: tun, was man sagt – und sagen, was man tut.

Mensch. Unternehmer. Macher.

Wer integer ist, dem wird **vertraut**. Und Vertrauen ist die Währung wirksamer Führung.

Menschenkenntnis & Empathie
Ein Leader kennt seine Leute – und zwar nicht nur in ihrer Funktion. Er versteht, **wer sie sind, was sie brauchen, was sie können – und was sie vielleicht noch nicht zeigen.**

Emotionale Intelligenz
Führung heisst auch: sich selbst führen können.
Wer seine eigenen Gefühle, Impulse und Reaktionen kennt, **führt souverän – auch in Konflikten.**

Was Leadership NICHT ist
Genauso wichtig wie das, was Führung ist, ist das, **was sie NICHT ist:**

Mikromanagement
Kontrolle ersetzt kein Vertrauen. Wer alles selbst macht, erzieht zur Passivität – nicht zur Verantwortung.

Titel und Status
Führung entsteht **durch Verhalten, nicht durch Visitenkarten.** Menschen folgen Menschen, nicht Hierarchien.

Egoismus oder Selbstdarstellung
Echte Leader stellen **das Team, das Ziel und den Sinn in den Mittelpunkt** – nicht das eigene Ego.

Was macht eine starke Führungskraft aus?
Eine starke Führungskraft erkennt das **Potenzial im Anderen** – und hilft dabei, es zu entfalten.
Sie schafft Orientierung, gerade in unsicheren Zeiten.

Sie hält aus, was andere noch nicht einordnen können.
Und sie trifft Entscheidungen – auch wenn sie unbequem sind.

Führung ist mehr als Struktur. **Führung ist Beziehung.**

Fazit: Leadership beginnt bei dir selbst
Wer ein Team führen will, muss sich selbst kennen.
Wer andere entwickeln will, muss an sich selbst arbeiten.
Und wer inspirieren will, muss **authentisch vorleben**, was er von anderen erwartet.

Denn Leadership ist keine Position. **Leadership ist eine Haltung.**

Mensch. Unternehmer. Macher.

TEIL 2: SOFT SKILLS – DIE UNTERSCHÄTZTEN ERFOLGSFAKTOREN

Wenn Gründer über ihre Herausforderungen sprechen, geht es meist um Businesspläne, Produktentwicklung, Finanzierung oder Vertrieb. Doch ein entscheidender Faktor bleibt oft unterbelichtet – obwohl er massgeblich über Erfolg oder Scheitern entscheidet: **Soft Skills.**

Nicht die technische Fähigkeit, ein Tool zu bedienen oder einen Pitch zu bauen sind entscheidend, sondern die menschliche Fähigkeit, mit sich selbst und anderen wirksam umzugehen.

Warum Soft Skills entscheidend sind

Fachliche Kompetenz bringt dich nur bis zu einem bestimmten Punkt.
Darüber hinaus entscheidet **deine persönliche Wirksamkeit als Mensch**, ob du ein Team aufbauen, Kunden gewinnen und dein Unternehmen langfristig führen kannst.

Gerade in der Start-up-Welt, in der sich vieles schnell verändert, braucht es Menschen, die:

- klar kommunizieren,
- Spannungen aushalten,
- Feedback konstruktiv nutzen,
- Emotionen regulieren,
- Beziehungen pflegen.

Mensch. Unternehmer. Macher.

Die wichtigsten Soft Skills für Gründer: und Gründerinnen

Kommunikationsfähigkeit
Gute Ideen nützen nichts, wenn sie nicht **verständlich, motivierend und überzeugend** vermittelt werden können.
Ob bei Investorengesprächen, Kundenpräsentationen oder im Team – deine Worte machen den Unterschied.

Empathie
Unternehmer arbeiten mit Menschen, nicht mit Maschinen. Wer in der Lage ist, andere zu verstehen, baut **Vertrauen auf** – die Basis jeder nachhaltigen Zusammenarbeit.

Kritikfähigkeit
Ego ist der Feind jeder Entwicklung. Nur wer **Feedback zulassen, reflektieren und integrieren** kann, wird wachsen – als Mensch und Unternehmer.

Emotionale Intelligenz
Intuition trifft Analyse: Wer Emotionen (eigene und fremde) wahrnimmt und konstruktiv einsetzt, trifft **balanciertere Entscheidungen** und bleibt handlungsfähig – auch in Stressphasen.

Durchsetzungsvermögen
Jede Vision wird früher oder später auf Widerstände stossen. Ein guter Unternehmer bleibt **standhaft, ohne stur zu sein** – und trifft Entscheidungen, auch wenn sie unpopulär sind.

Networking & Beziehungsmanagement
Dein Netzwerk ist nicht dein „Nice-to-have" – es ist dein **grösstes Kapital**. Langfristige Beziehungen zu Mitgründern, Partnern, Kunden und Mentoren tragen dein Unternehmen oft weiter als jede Strategie.

Die gute Nachricht: Soft Skills kann man trainieren!
Soft Skills sind **kein angeborenes Talent** – sie sind **entwickelbare Kompetenzen.**

Wie? Durch:

- **Selbstreflexion:** Wer regelmässig sein Verhalten reflektiert, erkennt Muster – und kann sie verändern.
- **Feedback:** Offenes Feedback ist wie ein Spiegel – unbequem, aber notwendig.
- **Mentoring & Coaching:** Der Austausch mit erfahrenen Unternehmern beschleunigt persönliche Reife.
- **Praxis:** Nichts ersetzt Erfahrung. Führung, Kommunikation, Konfliktlösung – alles lässt sich durch bewusste Praxis vertiefen.

Fazit:
Deine Persönlichkeit ist dein grösster Hebel
Die besten Tools, Strategien und Ideen bringen wenig, wenn du nicht lernst, **mit dir selbst und mit anderen wirksam zu arbeiten.**

Unternehmerischer Erfolg ist zu 50 % Sache der Strategie – und zu 50 % eine Frage deiner persönlichen Soft Skills.

Wer beides entwickelt, hat nicht nur bessere Chancen – sondern wird zum Leader, dem andere folgen wollen.

Kapitel 1: Authentizität. Die stille Kraft hinter echter Wirkung

In einer Welt, in der Lautstärke oft mit Relevanz verwechselt wird, wird Authentizität schnell zur Seltenheit. Dabei ist sie genau das, was Gründer und Unternehmerinnen heute mehr denn je brauchen – und was ihre Wirkung langfristig trägt.

Mensch. Unternehmer. Macher.

Authentizität ist keine Strategie. Sie ist ein Zustand.
Sie zeigt sich nicht im perfekten Auftritt, sondern in der inneren Übereinstimmung zwischen Denken, Fühlen, Handeln – und Auftreten.

Was bedeutet es, als Unternehmer authentisch zu sein?

Authentisch zu sein heisst, echt zu sein.
Nicht künstlich, nicht glatt, nicht durchinszeniert – sondern aufrichtig, klar und spürbar.

Es bedeutet:
ein souveränes, in sich ruhendes Selbstbewusstsein zu haben
nicht auf Effekthascherei oder Selbstdarstellung angewiesen zu sein
auch mal zu sagen: *„Das weiss ich (noch) nicht."*

In einer Welt, in der alle zu allem eine Meinung haben (müssen), ist es fast revolutionär, einfach mal offen zuzugeben, dass man etwas nicht weiss. **Das ist kein Zeichen von Schwäche. Es ist ein Zeichen echter Stärke.**

Denn Menschen folgen nicht denen, die immer recht haben oder recht haben wollen, sondern denen, die glaubwürdig sind.

Authentizität zeigt sich – ob man will oder nicht

Ob im persönlichen Gespräch, in einer Präsentation oder auf Social Media – deine Authentizität ist immer sichtbar.
Ganz besonders durch deine Körpersprache.

> *„Die Zunge kann lügen – der Körper nie." – Samy Molcho*

Ein in sich stimmiger Mensch strahlt das aus – durch Haltung, Mimik, Stimme, Blickkontakt. Menschen spüren, ob du meinst, was du sagst. Oder ob du eine Rolle spielst.

Ohne Authentizität fehlt dir die **Glaubwürdigkeit** – und damit das Fundament für Vertrauen, Führung und langfristige Kundenbeziehungen.

Authentizität auf LinkedIn & Co.?

Ja – auch in der digitalen Kommunikation bist du entweder glaubwürdig oder nicht.

Dein LinkedIn-Profil ist kein Verkaufsprospekt. Es ist ein Fenster in deine unternehmerische Haltung. Die Menschen, die dich finden, spüren sofort, ob dein Profil nur optimiert wurde – oder ob es mit dir als Person übereinstimmt.

Eine klare, ehrliche Beschreibung deiner Motivation, deiner Geschichte, deiner Werte – das ist mehr wert als jede Buzzword-Sammlung.

Fazit: Authentizität ist keine Option – sie ist dein Kapital

- Authentizität ist die Grundlage für echte Ausstrahlung
- Sie erzeugt Vertrauen, Führungskraft und Wirkung – ohne Lautstärke
- Sie ersetzt keine Kompetenz, macht sie aber spürbar
- Und sie ist der sicherste Weg, langfristig nicht nur erfolgreich, sondern auch **man selbst** zu bleiben

Authentizität ist leise – aber sie wirkt.

Kapitel 2: Personale Soft Skills – Selbstführung & Resilienz

„Wer sich selbst nicht führen kann, wird auch andere nicht nachhaltig führen können." Günter Reichelt

Mensch. Unternehmer. Macher.

Erfolgreiche Unternehmerinnen und Unternehmer führen nicht nur ihr Team oder ihr Unternehmen – sie führen vor allem sich selbst. Diese Fähigkeit entscheidet massgeblich über ihre Wirksamkeit, Stabilität und Innovationskraft.

Erfolgreiches Unternehmertum beginnt im Inneren. Es beginnt mit der Fähigkeit, sich selbst zu managen – emotional, mental und körperlich. Die Herausforderungen eines Unternehmers sind vielfältig: Entscheidungen unter Unsicherheit, Druck, Rückschläge, Einsamkeit. Nur wer gelernt hat, sich selbst zu steuern, wird langfristig leistungsfähig bleiben – und gesund.

2.1 Selbstdisziplin & Eigenverantwortung

Selbstdisziplin bedeutet, das Richtige zu tun – **auch wenn es schwer ist**. Es ist der Unterschied zwischen Wunsch und Umsetzung. Ohne sie bleibt jede Vision Theorie.

Ohne Selbstdisziplin bleibt jede Vision ein Wunschtraum. Selbstdisziplin bedeutet: Ich tue, was getan werden muss – auch wenn ich gerade keine Lust dazu habe.

- Früh aufstehen, wenn andere noch schlafen.
- Den Kunden anrufen, obwohl du Angst vor Ablehnung hast.
- Am Produkt arbeiten, während Freunde feiern.

Beispiel:
Ein Gründer stand kurz vor dem Launch, aber sein Team war durch Rückschläge entmutigt. Anstatt Schuld zu verteilen, stellte er sich vor das Team, übernahm Verantwortung und organisierte eine strukturierte Retrospektive. Das Ergebnis: neue Energie, neues Vertrauen.

Beispiel:
Eine Gründerin stellte fest, dass ihr Produkt nicht wie erhofft angenommen wurde. Statt auf den Markt oder das Marketing-Team zu schimpfen, ging sie selbst in 20 Interviews mit potenziellen Kunden. Ergebnis: Ein neu formulierter Nutzen – und ein erfolgreicher Relaunch.

Eigenverantwortung heisst: Du übernimmst zu 100 % die Verantwortung für dein Tun und Lassen – und auch für dein Scheitern.

> *„Ich bin kein Opfer. Ich bin Gestalter.»*
> *«Wo ich bin, ist vorne"*
> *Günter Reichelt*

2.2 Selbstwirksamkeit & Umgang mit Rückschlägen
Der Glaube ist entscheidend, wenn die Dinge schwierig werden. Rückschläge gehören zum Unternehmertum wie das Salz zur Suppe – entscheidend ist, wie du sie einordnest.

- **Selbstwirksamkeit** ist das Vertrauen: *„Ich kann etwas bewirken."*
- **Resilienz:** *„Ich kann daran wachsen."*
- **Konstruktive Fehlerkultur:** *„Ich darf scheitern – und lernen."*
- **Rückschlag?** Lerne daraus.
- **Ablehnung?** Hol Feedback.
- **Krise?** Wachse daran.

Resilienz ist die Fähigkeit, nicht nur durchzuhalten, sondern gestärkt aus Schwierigkeiten hervorzugehen.

Prinzip aus „Wie man Freunde gewinnt" (Dale Carnegie):

Mensch. Unternehmer. Macher.

„Kritisiere nicht. Verurteile nicht. Klage nicht."
Behandle dich selbst auch mit dieser Haltung. Du bist dein wichtigster Partner.

Übung:
Notiere dir drei Situationen, in denen du Rückschläge erlebt hast. Und dann: Was hast du daraus gelernt? Was hat dich stärker gemacht?

2.3 Selbstfürsorge & Burnout-Prävention

Du bist das wichtigste Kapital deines Unternehmens. Doch viele Unternehmer vernachlässigen sich selbst – bis es zu spät ist. Nur wer gut für sich sorgt, kann dauerhaft gut für andere sorgen – Team, Kunden, Familie.

Burnout ist nicht nur eine persönliche Krise, sondern auch ein unternehmerisches Risiko.

Warnsignale:

- Du verlierst die Freude am Gründen.
- Du funktionierst – aber du lebst nicht mehr.
- **Chronische Erschöpfung.** Du bist ständig müde, gereizt oder leer.
- **Zynismus oder Gleichgültigkeit** gegenüber der eigenen Arbeit
- **Gefühl** von Ineffektivität
- **Du funktionierst** – aber du lebst nicht mehr.

Gegenmittel:

- **Routinen für Erholung** (z.B. digitaler Sabbat)
- **Grenzen setzen** – auch gegenüber sich selbst

- **Mentale Hygiene** – mit wem redest du täglich?

Selbstfürsorge ist kein Egoismus – es ist Verantwortung. Nur ein gesunder Gründer kann ein gesundes Unternehmen aufbauen.

„In einer Hierarchie neigt jeder dazu, bis zu seiner Inkompetenz aufzusteigen." - Das Peter Prinzip:

Auch du kannst dich selbst „überfordern" – wenn du nicht rechtzeitig Grenzen setzt. Mehr dazu im separaten Kapitel.

2.4 Praktische Übungen & Routinen

1. Morning Mindset: Journaling (täglich, 10 Minuten)

- Was lief heute gut?
- Was habe ich gelernt?
- Wofür bin ich dankbar?
- was ist mein Fokus heute?

2. Energie-Check (wöchentlich)

- Was gibt mir Energie?
- Was raubt sie mir?
- Welche Aufgabe kann ich delegieren oder streichen?

3. Selbstfürsorge-Ritual (monatlich)

- Plane ein Wochenende nur für dich.
- Lies ein inspirierendes Buch.
- Triff Menschen, die dich stärken – keine Energieräuber.

Mensch. Unternehmer. Macher.

Prinzip aus dem „Peter Prinzip": Menschen werden oft befördert, bis sie überfordert sind. Gilt auch für Gründer: Wenn du nicht auf dich achtest, beförderst du dich selbst in die Unwirksamkeit.

Dein Fazit:
Selbstführung ist die Grundlage jeder unternehmerischen Entwicklung. Nur wer seine Energie, seine Emotionen und seine Gewohnheiten aktiv steuert, bleibt langfristig kraftvoll, klar und kreativ. Wer sich selbst führen kann, wird auch andere inspirieren und sein Unternehmen resilient gestalten.

> *„Sei die Führungskraft, die du dir selbst wünschst –*
> *und beginne bei dir." - Günter Reichelt*

Kapitel 3: Soziale Soft Skills – Kommunikation & Beziehungsführung

> *„Unternehmer sein heisst: Menschen begeistern, gewinnen und entwickeln." - Günter Reichelt*

Technik, Tools und Strategien sind wichtig – doch kein Unternehmen wächst ohne Menschen. Kunden, Mitarbeitende, Investoren, Partner – wer sie nicht erreicht, verliert. Erfolgreiche Unternehmer sind nicht nur Visionäre, sondern auch Beziehungsarchitekten.

> *„Menschen bauen keine Unternehmen Menschen*
> *sind das Unternehmen." – Günter Reichelt*

3.1 Empathie – Der Schlüssel zu Vertrauen

Empathie ist die Fähigkeit, sich in andere hineinzuversetzen – ihre Sicht zu verstehen, ohne sie zu bewerten. Im Business bedeutet das:

- Kunden wirklich *verstehen*, statt sie nur „zu bearbeiten".
- Mitarbeiter nicht nur führen, sondern *hören*.
- In Gesprächen *fragen*, statt vorschnell zu *bewerten*.

„Menschen interessieren sich nicht für dich – bis sie wissen, wie sehr du dich für sie interessierst." Dale Carnegie

Übung: Führe in dieser Woche drei Gespräche, in denen du bewusst nur fragst und zuhörst – ohne sofort Lösungen anzubieten.

3.2 Klar & authentisch kommunizieren

Gute Kommunikation ist kein Zufall, sondern Handwerk. Erfolgreiche Unternehmer beherrschen:

- **Klarheit:** Sag, was du meinst – einfach, direkt, konkret.
- **Konsistenz:** Deine Worte und dein Verhalten müssen übereinstimmen.
- **Mut zur Wahrheit:** Auch Unangenehmes klar aussprechen – respektvoll, aber deutlich.

Beispiel:
Ein junger Gründer musste einen langjährigen Freund entlassen. Er bereitete das Gespräch gut vor, erklärte ehrlich die Situation und bot Unterstützung an. Das Ergebnis: Respekt – und später ein neuer Kooperationspartner.

3.3 Konfliktfähigkeit – Umgang mit Spannungen

Wo Menschen sind, gibt es Reibung. Erfolgreiche Unternehmer lernen früh: Konflikte sind keine Störung, sondern Entwicklungssignale.

- **Erkenne Muster:** Wo wiederholen sich Konflikte? Was ist dein Anteil?
- **Sprich frühzeitig an:** Je länger du schweigst, desto grösser wird der Elefant im Raum.
- **Trenne Sache & Person:** Kritik ist ein Geschenk – kein Angriff.

Tipp: Konflikte lassen sich nicht „wegmoderieren", aber sie lassen sich transformieren – durch Offenheit, Struktur und Respekt.

3.4 Netzwerken – Beziehungen pflegen & Chancen nutzen

Dein Netzwerk ist dein Multiplikator. Gute Unternehmer investieren regelmässig in ihre Beziehungen – nicht nur, wenn sie etwas brauchen.

- **Geben statt nehmen:** Teile Wissen, Empfehlungen, Anerkennung – ohne Erwartung.
- **Langfristig denken:** Nicht jedes Gespräch bringt sofort ROI – aber vielleicht in 5 Jahren.
- **Sei sichtbar:** Präsenz auf Events, LinkedIn, Podcasts – dort, wo deine Menschen sind.

„Dein Netzwerk ist dein Netto-Wert." - Unbekannt

Routine:
Blocke dir 1 Stunde pro Woche nur fürs Netzwerken – ein Anruf, eine Nachricht, ein Treffen.

Dein Fazit:
Die Qualität deiner Beziehungen bestimmt die Qualität deines Unternehmerdaseins.
Empathie, Klarheit, Konfliktfähigkeit und Netzwerkkultur sind keine Soft Skills – sie sind **Hard Facts** für nachhaltigen Erfolg.

Kapitel 4: Kommunikative Soft Skills – Die geheime Zutat für unternehmerischen Erfolg

Ein brillantes Produkt, eine starke Strategie, ein durchdachtes Geschäftsmodell – all das bringt wenig, wenn du als Unternehmer nicht in der Lage bist, **wirksam zu kommunizieren.**

Kommunikation ist kein Nebenschauplatz im Unternehmertum – sie ist das Spielfeld.

Denn du überzeugst nicht mit Fakten allein. Du überzeugst mit Klarheit. Mit Präsenz. Mit Verbindung.

Ob im Investorengespräch, beim Kundenkontakt oder im eigenen Team: **Wer nicht gehört wird, bewegt nichts.**

Die 6 wichtigsten kommunikativen Soft Skills für Unternehmer und Unternehmerinnen

4.1 Aktives Zuhören
Die meisten Menschen hören nicht zu, um zu verstehen – sie hören zu, um zu antworten. Als Unternehmer musst du anders sein.

Aktives Zuhören heisst:

- präsent sein,
- Zwischentöne wahrnehmen,
- nachfragen,

- zusammenfassen,
- *wirklich verstehen*, was dein Gegenüber bewegt.

Das schafft Vertrauen – und verhindert Missverständnisse, die oft teuer werden.

4.2 Storytelling
Fakten erklären – **Geschichten berühren**.

Wenn du deine Vision, deine Lösung, dein „Warum" in eine kraftvolle Geschichte packst, erreichst du nicht nur den Kopf – sondern auch das Herz deiner Zuhörer.

Gutes Storytelling macht:

- abstrakte Ideen greifbar,
- Komplexität verständlich,
- Begeisterung spürbar.

Menschen erinnern sich an keine PowerPoint-Folien. Sie erinnern sich Geschichten. Du erinnerst dich ja sogar heute noch an die Geschichten, die du als Kind vorgelesen bekamst.

4.3 Verhandlungsgeschick
Ob es um Finanzierung, Konditionen, Gehälter oder Kooperationen geht – du wirst ständig verhandeln.

Erfolgreiche Verhandlung ist kein Trickspiel, sondern eine **Balance aus Standfestigkeit und Empathie.**

Starke Unternehmer:

- vertreten ihre Interessen klar,
- verstehen die Motive des Gegenübers,

- suchen Lösungen, bei denen beide Seiten gewinnen.

4.4 Körpersprache & Ausdruck

Kommunikation ist **mehr als Worte**.

Deine Mimik, Gestik, Tonlage, Haltung – sie alle **vermitteln mit**, was du denkst und fühlst. Und sie entscheiden, **wie deine Botschaft ankommt**.

Ein unklarer Blick oder ein zögerlicher Ton können eine starke Botschaft entwerten. Ein fester Stand, ruhiger Atem und offener Blick – sie machen dich glaubwürdig.

Die Zunge kann lügen. Der Körper nie. – Samy Molcho

4.5 Empathische Kommunikation

Es reicht nicht, Botschaften zu senden. Du musst sie **so senden**, dass sie *ankommen*.

Empathische Kommunikation bedeutet:

- sich in den anderen hineinzuversetzen,
- Ton und Timing zu wählen,
- Emotionen zu deuten und zu steuern.

Besonders in Konflikten ist Empathie der Schlüssel zu Lösungen – nicht Argumente.

4.6 Selbstbewusstes Auftreten

Viele Gründer sind fachlich top – aber **kommunikativ zu zurückhaltend**.

Mensch. Unternehmer. Macher.

Selbstbewusstes Auftreten ist kein Schauspiel – es ist die **sichtbare Form von innerer Klarheit.**

Wer überzeugt ist, darf überzeugen. Ob auf der Bühne, im Videocall oder im Gespräch mit Stakeholdern – **Souveränität strahlt Kompetenz aus.**

4.7 Lob – Die unterschätzte Kraft der Anerkennung

Lob ist ein mächtiges Werkzeug in der Führung – doch viele Chefs und Teamleiter setzen es falsch ein oder vergessen es ganz. **Das Ergebnis? Demotivation statt Motivation.**

Viele Unternehmer führen mit Zahlen. Doch Menschen lassen sich nicht in Excel-Zellen führen. Sie brauchen etwas anderes, etwas Tieferes – **Anerkennung.**

Denn wer gesehen wird, wächst. Und wer sich wertgeschätzt fühlt, gibt sein Bestes – freiwillig.

Richtig eingesetztes Lob ist kein „Soft-Thema". Es ist ein **Führungsinstrument** – und ein Ausdruck von Aufmerksamkeit, Respekt und menschlicher Reife.

Doch wie lobt man Mitarbeiter richtig, ohne dass es künstlich, übertrieben oder wirkungslos wirkt?

Die typischen Fehler beim Loben

So wichtig Lob ist – so oft wird es falsch oder gar nicht eingesetzt.

Zu allgemein
„Gute Arbeit!" klingt nett – aber es **sagt nichts aus**.
Es bleibt oberflächlich, unkonkret – und damit wirkungslos.

Zu selten
Lob einmal im Jahresgespräch? Viel zu spät.
Motivation braucht Resonanz. Und zwar zeitnah.

Unaufrichtig
Menschen spüren, ob ein Lob **echt oder strategisch** ist.
Unehrliches Lob untergräbt Vertrauen – statt es aufzubauen.

Nur im Privaten
Lob gehört auch **ins Team**. Nicht zur Selbstdarstellung, sondern als **kulturelles Signal**: Wir sehen und feiern Leistung gemeinsam.

Ohne Bezug zur Leistung
Ein Lob, das keine echte Leistung anerkennt, wirkt übertrieben – und macht das echte Lob weniger glaubwürdig.

So lobst du wirksam – und wirkungsvoll

Sei konkret.
Sag genau, **was du bemerkenswert fandest**.

„Deine Präsentation war stark – besonders, wie du die Marktentwicklung argumentiert hast."

Sei zeitnah
Lob gehört **nah an die Leistung.**
Nicht Monate später, sondern im Moment – oder direkt danach.

Verbinde Lob mit Wirkung
Was hat die Person durch ihre Leistung **bewirkt**?

„Durch deine Idee konnten wir den Prozess um 20 % effizienter machen – grossartige Leistung."

Mensch. Unternehmer. Macher.

Lobe öffentlich & persönlich
Ein kurzes Lob vor dem Team wirkt motivierend.
Aber: Das persönliche Gespräch schafft **tiefe Verbindung**.

Lobe regelmässig – aber nicht inflationär
Lob soll wertvoll bleiben. Wer **alles lobt, lobt nichts**.
Aber wer nie lobt, verliert sein Team.

Warum Lob so wirksam ist
Es aktiviert das Belohnungssystem im Gehirn.

- Es stärkt die Bindung zwischen Führungskraft und Mitarbeitenden.
- Es fördert Motivation, Selbstwert und Engagement.
- Und: Es schafft eine **positive, leistungsfreudige Kultur**.

Ein Team wächst nicht durch Kritik.
Es wächst durch das Gefühl: *„Was ich tue, macht einen Unterschied."*

Fazit:
Loben ist keine Schwäche – es ist Führungsstärke
Ein starkes Team entsteht dort, wo Menschen **gesehen, verstanden und anerkannt** werden.
Nicht durch Boni oder Benefits. Sondern durch echtes Interesse, Feedback und Anerkennung.

Lob ist kein Lob, wenn es nicht **ehrlich, konkret und zeitnah** ist.
Und ein Leader, der gut loben kann, ist ein Leader, dem man gerne folgt.

4.8 Kommunikation kann man lernen

Das Beste: Diese Fähigkeiten sind **nicht angeboren**.
Man kann sie trainieren – mit Übung, Feedback, Mentoring und Selbstbeobachtung.

- Nimm deine Gespräche ernst – aber nicht dich selbst.
- Bitte um ehrliches Feedback zu deinem Auftreten.
- Lies Bücher, mach Trainings, halte bewusst kleine Reden.
- Und vor allem: **bleib neugierig auf Menschen.**

Fazit: **Kommunikation ist dein stärkstes Werkzeug**
In der Gründungsphase. In der Wachstumsphase. Im Alltag.

Du kannst die beste Idee der Welt haben – wenn du sie nicht vermitteln kannst, wird sie nicht fliegen.

Kommunikative Soft Skills sind **kein Luxus**, sondern ein unternehmerisches Muss. Sie entscheiden darüber, ob du **gehört, verstanden, erinnert – und vertraut wirst.**

Kapitel 5: Methodische Soft Skills – Die unterschätzte Superkraft für Unternehmer

Fachwissen? Wichtig. Vision? Unverzichtbar. Ein starkes Netzwerk? Absolut hilfreich.

Aber dazwischen liegt ein Bereich, der oft übersehen wird – und doch massgeblich über Erfolg oder Überforderung entscheidet:

Methodische Soft Skills (auch „Meta Skills" genannt). Oder wie man sie treffender nennen könnte: **die unternehmerische Superkraft.** Diese Fähigkeiten wirken oft unspektakulär – aber sie entfalten eine

Mensch. Unternehmer. Macher.

enorme Hebelwirkung im Alltag. Denn wer es schafft, strukturiert zu denken, klug zu entscheiden, sich selbst gut zu führen und flexibel zu bleiben, **baut Resilienz und Wirksamkeit in jedes Projekt ein.**

Was sind methodische Soft Skills?
Es sind die **unsichtbaren Werkzeuge**, mit denen du deine Ideen zum Fliegen bringst. Die Denk- und Handlungsfähigkeiten, mit denen du **Komplexität reduzierst**, **Fokus behältst** und **klar entscheidest** – auch wenn es brennt.

Hier sind die wichtigsten Kompetenzen, die du als Unternehmer brauchst:

5.1 Problemlösungskompetenz

Probleme kommen. Immer. Die Frage ist: **Wie gehst du damit um?**

Erfolgreiche Unternehmer

- analysieren die Situation klar,
- strukturieren das Problem,
- denken lösungsorientiert statt problemfixiert,
- und handeln pragmatisch, nicht panisch.

In schwierigen Situationen zeigt sich, wer planen und wer führen kann.

5.2 Zeit- & Selbstmanagement
Du hast keine Zeit für alles – also musst du entscheiden, was zählt.

Wer sich im Tagesgeschäft verliert, verliert den Überblick.
Wer Prioritäten setzt, delegiert und Grenzen zieht, bleibt wirksam.

Gutes Selbstmanagement bedeutet:

- klare Tages- und Wochenstruktur,
- bewusste Fokuszeiten,
- Nein sagen können – zu Meetings, zu Ablenkung, zu sich selbst.

Zeitmanagement ist keine Technik. Es ist ein Ausdruck von Klarheit.

5.3 Kritisches & strategisches Denken

Nicht alles, was machbar ist, ist auch sinnvoll.
Nicht alles, was jetzt funktioniert, trägt in die Zukunft.

Methodisch starke Gründer:

- hinterfragen Annahmen,
- denken in Szenarien,
- erkennen Muster und bauen Strategien darauf auf.

Strategisches Denken ist: heute handeln, als wüsstest du, was morgen kommt.

5.4 Agilität & Anpassungsfähigkeit

Die Welt dreht sich schnell – Technologien, Märkte, Kundenverhalten. Wer darauf starr reagiert, bleibt zurück.

Agile Unternehmer:

- denken schrittweise,
- lernen schnell aus Feedback,
- haben keine Angst vor Richtungswechseln.

Mensch. Unternehmer. Macher.

Flexibilität ist kein Zeichen von Unsicherheit – sondern von Reife.

5.5 Strukturierte Entscheidungsfindung

Entscheidungen unter Unsicherheit sind Alltag im Unternehmertum. Aber sie müssen nicht aus dem Bauch heraus entstehen – jedenfalls nicht ausschliesslich.

Gute Entscheidungen entstehen durch:

- klare Ziele,
- relevante Daten,
- klare Kriterien,
- und der Fähigkeit, Risiken realistisch einzuschätzen.

Entscheidungen brauchen Mut – aber auch Methode.

5.6 Lernfähigkeit & Selbstreflexion

Unternehmersein bedeutet: nie aufhören zu lernen.

Methodisch starke Gründer:

- reflektieren regelmässig,
- holen sich Feedback ein,
- hinterfragen Routinen und verbessern sie bewusst.

Wer nicht lernt, bleibt stehen. Wer sich hinterfragt, kommt weiter.

Die gute Nachricht: Methodische Skills sind trainierbar!

Du musst kein Naturtalent sein.
Du brauchst nur den **Willen, dich weiterzuentwickeln**, und die richtigen Impulse.

Dazu gehören:

- Coaching und Mentoring,
- gute Tools und Techniken,
- Erfahrung und strukturierte Rückschau,
- und die Bereitschaft, auch mal umzudenken.

Fazit: Methodik ist kein Gegensatz zur Vision – sie bringt sie zum Leben

Du kannst die beste Idee der Welt haben – wenn du dich nicht organisierst, strukturiert führst und Entscheidungen triffst, bleibt sie Theorie.

Vision ist der Kompass. Methodik ist die Landkarte.

Gemeinsam machen sie dich zu einem Unternehmer, der nicht nur träumt – sondern handelt. Fokussiert. Flexibel. Wirksam.

Kapitel 6: Selbstführung – Die wichtigste Führungskraft bist du selbst

Bevor du andere erfolgreich führen kannst, musst du lernen, dich selbst zu führen. Unternehmerische Selbstführung bedeutet, sich nicht von äusseren Umständen treiben zu lassen, sondern mit innerer Klarheit, Disziplin und Resilienz den eigenen Kurs zu bestimmen. Dein Unternehmen ist der Spiegel deiner inneren Haltung – und deiner täglichen Entscheidungen.

Viele Gründer wollen schnell Teams aufbauen, Märkte erobern, skalieren. Doch sie übersehen eine fundamentale Wahrheit: **Die wichtigste Person, die du führen musst, bist du selbst.** Ohne persönliche Stabilität, Klarheit und Energie wirst du auf Dauer weder dich noch andere wirksam führen können.

Mensch. Unternehmer. Macher.

6.1 Klarheit über Werte, Ziele und Prioritäten

Wer nicht weiss, wofür er steht, wird sich schnell verbiegen. Wer nicht weiss, wohin er will, wird überall landen – nur nicht da, wo es zählt.

Unternehmerischer Fokus beginnt bei dir selbst:

- **Werte:** Was ist dir wirklich wichtig – nicht nur im Business, sondern im Leben?
- **Ziele:** Welche langfristigen Visionen treiben dich an? Was willst du mittel- und langfristig erreichen?
- **Prioritäten:** Welche Aktivitäten zahlen konkret auf deine Ziele ein?

6.2 Selbstdisziplin – Machen schlägt Motivation

Erfolg ist selten das Ergebnis spontaner Inspiration – sondern meist das Produkt konsequenter, wiederholter Handlung. Selbstdisziplin ist wie ein Muskel: Sie wächst mit Übung.

Selbstführung bedeutet, auch dann zu handeln, wenn niemand zuschaut. **Nicht Disziplin ist hart – die ständige Selbstverhandlung ist härter.**

- **Routinen etablieren:** Was regelmässig geschieht, kostet weniger Überwindung. Was täglich geschieht, wird leicht. Schaffe Rituale, die dich stärken – morgens, abends, zwischendurch.
- **Ablenkungen minimieren - Digitale Detox:** Digitale Tools helfen – oder hindern. Räume regelmässig geistig wie digital auf.
- **Verbindlichkeit erzeugen:** Teile deine Ziele mit anderen – das schafft positiven Druck – und Fokus.
- **Digitale Detox-Zonen:** Räume in deinem Tag ein für Fokus ohne Ablenkung.

Tipp: „Eat the frog first" – erledige morgens zuerst die unangenehmste, aber wichtigste Aufgabe.

Beispiel:
Ein Gründer plante seine Wochenziele immer sonntags und schickte sie an seinen Mitgründer. Ergebnis: mehr Klarheit, weniger Leerlauf, bessere Entscheidungen.

6.3 Resilienz – Mit Rückschlägen wachsen

Scheitern gehört zum Unternehmerleben. Entscheidend ist nicht, *ob* du fällst – sondern *wie* du wieder aufstehst. Resilienz ist die Fähigkeit, Krisen nicht nur zu überstehen, sondern gestärkt daraus hervorzugehen.

Fehler, Verluste, Krisen – im Unternehmerleben sind sie unvermeidlich. Die Frage ist: **Was machst du daraus?**

- **Selbstmitgefühl statt Selbstzerfleischung:** Du darfst scheitern – du darfst daraus lernen. Frage dich in schwierigen Momenten: „Was kann ich daraus lernen?"
- **Mentale Hygiene:** Reduziere negativen Input, stärke positive Impulse – durch Lesen, Gespräche, Bewegung. Umgib dich mit Menschen, die dich stärken. Konsumiere Inhalte, die dir guttun.
- **Rückschläge reframen:** Stelle dir in jeder Krise drei Fragen:
    - Was ist das Geschenk darin?
    - Was darf ich über mich lernen?
    - Was würde mein zukünftiges Ich tun?
- **Selbstmitgefühl:** Sei nicht dein härtester Kritiker, sondern dein stärkster Unterstützer.

Beispiel: Ein Gründer verlor durch eine Fehlentscheidung einen Grosskunden – und gewann dabei Klarheit über seine Zielgruppe. Rückblickend war es ein Wendepunkt zum Besseren.

„Zwischen Reiz und Reaktion liegt ein Raum. In diesem Raum liegt unsere Macht zur Wahl unserer Reaktion." (Viktor Frankl)

6.4 Energie-Management – Die unterschätzte Währung

Nicht Zeit ist dein knappstes Gut – sondern **Energie**. Selbstführung bedeutet, deine Energiequellen zu kennen, zu pflegen und bewusst einzusetzen. Wer produktiv und präsent sein will, muss lernen, Energie bewusst zu managen.

- **Körper:** Ernährung, Bewegung, Schlaf – das Fundament deiner unternehmerischen Leistungsfähigkeit.
- **Geist:** Fokuszeiten einplanen statt Dauerbeschallung. Plane bewusst Phasen ohne Ablenkung und regelmässige Pausen. Keine Dauerverfügbarkeit.
- **Emotion:** Pflege Beziehungen, die dir Energie geben und dich stärken. Sag Nein zu Energieräubern, zu Menschen, die dich dauerhaft entkräften.

Tägliche Mini-Routine:
Morgens: *Was gibt mir heute Energie?*
Abends: *Was hat mich heute Kraft gekostet – was hat mich gestärkt?*

6.5 Unternehmerische Reife – Selbstführung als Schlüssel

Selbstführung ist keine Technik, sondern eine Haltung:

- Du entscheidest, wie du denkst, fühlst, handelst.

- Du bist kein Opfer deiner Umstände – du bist Schöpfer deiner Wirkung.
- Du bist Vorbild – ob du willst oder nicht.

Beispiel:
Eine Gründerin führte ein schwieriges Gespräch mit einem Investor. Sie war emotional aufgewühlt, aber reflektierte vorher bewusst: *„Was will ich sagen – und wer will ich in diesem Gespräch sein?"* Ergebnis: Sie blieb klar, souverän, überzeugend – und gewann das Vertrauen des Investors.

Dein Fazit:
Selbstführung ist keine Option, kein Luxus – sie ist die Grundlage deines nachhaltigen unternehmerischen Erfolgs. Je bewusster du dich selbst steuerst, desto klarer, gelassener und wirkungsvoller kannst du dein Unternehmen gestalten.

Mensch. Unternehmer. Macher.

TEIL 3: FÜHRUNG IM AUSSEN
MENSCHEN UND ORGANISATIONEN ENTWICKELN

„Erfolg ist, was folgt – wenn du tust, was für dich stimmt."
Unbekannt

Viele starten mit einer Geschäftsidee. Doch auf dem Weg zur erfolgreichen Unternehmung gerät oft in Vergessenheit, worum es wirklich geht: ein sinnerfülltes Leben. Unternehmersein ist mehr als ein Beruf – es ist eine Lebensform. Und diese erfordert nicht nur Strategie, sondern auch Menschlichkeit.

„Der Charakter eines Menschen zeigt sich nicht bei der Gründung – sondern wenn es schwierig wird." - Unbekannt

Gründerzeit ist Aufbruch. Unternehmerzeit ist Durchhalten, Reflektieren, Neujustieren. Unternehmerische Reife bedeutet: Ich handle nicht mehr impulsiv, sondern aus Überzeugung.

Ich weiss, was ich verantworten will – und was nicht. Ich entwickle Haltung – und lasse mich nicht von jedem Windstoss drehen.

Menschen folgen nicht Visionen. Sie folgen Menschen, die an Visionen glauben."- Simon Sinek

Ein Unternehmen ist kein System aus Prozessen – es ist ein System aus Menschen. Wer als Unternehmer führen will, muss mehr sein als Planer, Entscheider oder Kontrolletti. Du bist Sinnstifter, Brückenbauer, Konfliktlöser – und oft auch Coach.

Führung beginnt bei dir – doch sie verwirklicht sich erst im Kontakt mit anderen.

Mensch. Unternehmer. Macher.

Kapitel 1: Unternehmerische Zielorientierung und Strategie. Klarheit, Ziele, Zeit & Fokus

„Wer den Hafen nicht kennt, für den ist kein Wind günstig."
Seneca

In der Anfangsphase eines Unternehmens ist es leicht, sich in operativen Tätigkeiten zu verlieren: Kunden gewinnen, Produkte verbessern, Probleme lösen. Doch ohne klare, messbare Ziele und eine Strategie, die diese Ziele unterstützt, wird aus dem vielversprechendsten Start-up schnell ein orientierungsloses Projekt.

Erfolgreiche Unternehmerinnen und Unternehmer denken strategisch – das heisst: Sie kennen ihr *Warum*, definieren ihr *Wohin* und planen ihr *Wie* mit einem klaren Blick auf Realisierbarkeit, Marktpotenziale und Ressourcen.

Dieses Kapitel widmet sich genau dieser Kunst: Klarheit in einer komplexen Welt.

1.1 Vision & Mission – Dein innerer und äusserer Kompass

Eine **Vision** ist das grosse Bild deiner unternehmerischen Zukunft: Wo willst du hin? Was willst du in der Welt verändern oder hinterlassen? Sie ist der emotionale Treiber deines Handelns.

Eine **Mission** beschreibt, was du konkret tust, um diese Vision Wirklichkeit werden zu lassen. Sie ist handlungsleitend und kommunizierbar – nach innen wie nach aussen.

Beispiel:
Ein junges Unternehmen in der Green-Tech-Branche hatte folgende

Vision: *„Eine Welt, in der Energieversorgung zu 100 % nachhaltig ist."*
Die Mission lautete: *„Wir entwickeln modulare Solarlösungen für urbane Räume und machen erneuerbare Energie für jeden zugänglich."*

Reflexionsfrage:
Was ist deine persönliche Vision als Unternehmer? Und wie sieht deine tägliche Mission aus, um dieser Vision näher zu kommen?

Übung:
Formuliere deine Mission in einem Satz, den du deinem 10-jährigen Patenkind erklären könntest.

1.2 Ziele setzen – realistisch, messbar, motivierend - konkret statt vage

Ohne klare Ziele kein Fortschritt. Ohne Fortschritt kein Erfolg. Ohne Ziel ist jeder Weg der falsche. Ziele brauchen Struktur – und das liefert die SMART-Formel:

- **S**pezifisch: Kein „mehr Umsatz", sondern „30 % Wachstum im DACH-Raum bis Q4"
- **M**essbar: Zahlen, Daten, Fakten – nicht nur Bauchgefühl
- **A**ttraktiv: Motivation durch Relevanz und Sinn
- **R**ealistisch: Überfordern bremst – unterfordern langweilt
- **T**erminiert: Ein Ziel ohne Zeitrahmen bleibt Wunschdenken

Übung:
Setze dir für dein nächstes Quartal 3 SMART-Ziele – und überprüfe am Ende, was du erreicht hast und warum.

„Was du nicht misst, kannst du nicht verbessern." (Peter Drucker)

1.3 Unternehmensstrategie – von der Idee zur nachhaltigen Struktur

Eine gute Strategie ist kein PowerPoint-Dokument, sondern gelebte Realität. Sie beantwortet die Fragen:

- Was ist unser Kernnutzen für die Zielgruppe?
- Was unterscheidet uns vom Wettbewerb?
- Wie sehen unsere wirtschaftlichen Zielgrössen aus?
- Welche Ressourcen haben wir – und welche benötigen wir?

Beispiel:
Ein Start-up, das digitale Ernährungsberatung anbietet, stellte sich die Frage: *„Was unterscheidet uns von den anderen?"*
Ihre Antwort: *„Wir kombinieren medizinisches Wissen mit künstlicher Intelligenz – und bleiben dennoch 100 % persönlich."*
Diese strategische Positionierung floss in alle Bereiche ein: vom Branding bis zur Preisstruktur.

1.4 Kennzahlen & Erfolgsmessung – ohne Zahlen keine Steuerung

Ob Umsatz, Reichweite, Kundenbindung oder Mitarbeiterzufriedenheit – wer nicht misst, kann nicht steuern. Als Unternehmer:in musst du die wichtigsten Key Performance Indicators (KPIs) deines Geschäftsmodells kennen – und regelmässig auswerten.

Wichtige Kennzahlen je nach Branche können sein:

- **B2C:** Conversion Rate, Customer Lifetime Value, Churn Rate
- **B2B:** Lead-zu-Kunde-Rate, Projektprofitabilität, Empfehlungsquote

- **E-Commerce:** Warenkorbhöhe, Retourenquote, Deckungsbeitrag

Tipp:
Halte es einfach. 3–5 Schlüsselkennzahlen genügen – aber diese musst du beherrschen.

1.5 Routinen zur Zielverfolgung – vom Plan zur Umsetzung

- **Wöchentliche Strategie-Review:** Was hat mich meinen Zielen nähergebracht? Was nicht?
- **OKRs (Objectives & Key Results):** Setze übergeordnete Ziele mit messbaren Resultaten.
- **Ziel-Visualisierung:** Halte deine Jahresziele sichtbar im Büro – auf Papier oder digital.
- **Monatliche Ziel-Reflexion:** Was lief gut? Was lerne ich daraus?

Dein Fazit:
Zielorientierung ist keine Einschränkung – sie ist deine Befreiung vom Zufall. Klare Ziele und eine belastbare Strategie geben dir und deinem Team Fokus, Motivation und Orientierung. Ein Unternehmen ohne Strategie ist wie ein Schiff ohne Steuer – selbst bei besten Segeln treibt es orientierungslos im Wind.

1.6 Zeitmanagement – Führen durch Fokus
Zeit ist das einzige Gut, das du nicht vergrössern kannst. Aber du kannst es **anders verwenden**.

- **Time-Blocking:** Plane deinen Kalender aktiv. Jeder Block bekommt ein Thema – statt dich reaktiv treiben zu lassen.
- **Deep Work vs. Shallow Work:** Reserviere täglich mind. 1–2 Stunden für ungestörte Fokusarbeit.
- **Digitale Hygiene:** Push-Nachrichten, Social Media, ständiges E-Mail-Checken – deine Produktivitätskiller.

„Busy sein ist nicht gleich produktiv sein."

1.7 Fokus behalten – Nein sagen können

Fokus bedeutet nicht nur „Ja" zu sagen – sondern vor allem „Nein":

- Nein zu Projekten, die dich von deinem Kern ablenken.
- Nein zu Kunden, die dich zu viel kosten.
- Nein zu Meetings ohne klares Ziel.

Beispiel:
Eine Unternehmerin entschied sich, ein prestigeträchtiges, aber unprofitables Projekt abzulehnen. Dadurch konnte sie sich auf ihre Kernkunden konzentrieren – und ihr Unternehmen verdoppelte den Gewinn innerhalb eines Jahres.

Dein Fazit:
Klarheit ist keine Einmalentscheidung – sondern ein täglicher Prozess. Je bewusster du deine Vision verfolgst, Ziele setzt, Zeit gestaltest und dich fokussierst, desto wirkungsvoller wird dein Unternehmertum.

„Erfolg ist, wenn du das tust, was dich voranbringt – und das weglässt, was dich zurückhält."

Kapitel 2: Unternehmerische Verantwortung – Mehr als Profit

Unternehmertum ist kein Selbstzweck. Es ist eine Gestaltungsmacht. Unternehmerische Reife bedeutet, Verantwortung über den eigenen Profit hinaus wahrzunehmen.

2.1 Verantwortung gegenüber Mitarbeitenden

- **Sicherheit und Entwicklung:** Menschen vertrauen dir ihre Existenz an – und ihre Hoffnungen.
- **Kultur der Wertschätzung:** Du bist Vorbild für Umgang, Haltung und Kommunikation.
- **Wachstum ermöglichen:** Nicht nur Umsätze steigern, sondern auch Menschen entwickeln.

2.2 Verantwortung gegenüber Gesellschaft & Umwelt

- **Purpose-getriebene Unternehmen** setzen nicht nur auf Gewinn, sondern auf Wirkung.
- **Nachhaltigkeit** ist kein Trend, sondern unternehmerische Pflicht.
- **Beispiel:** Patagonia spendet 1 % seines Umsatzes für Umweltinitiativen – und wächst stabil.

2.3 Unternehmerethik in Krisen

Gerade in schwierigen Zeiten zeigt sich, wer du bist:

- Kündigst du fair?
- Kommunizierst du ehrlich?
- Übernimmst du Verantwortung?

Prinzip: *Integrität ist das, was du tust, wenn keiner hinschaut.*

Kapitel 3: Unternehmersein als Lebensform – Ganzheitlich wachsen

Du nimmst dich selbst immer mit – in Meetings, ins Büro, nach Hause. Unternehmerisch leben heisst, nicht in Rollen zu denken („hier Business, da Privat") – sondern ganzheitlich.

3.1 Wertebasiertes Handeln – überall

- Wer du im Privaten bist, spiegelt sich im Beruflichen.
- Dein Unternehmen ist ein Ausdruck deiner Persönlichkeit.
- Integrität bedeutet: Du bist in jeder Lebenslage der Gleiche.

3.2 Unternehmerfamilie: Die unsichtbaren Mitgründer

- Dein Umfeld trägt deine unternehmerische Last mit – oder leidet unter ihr.
- Kommunikation, Zeitmanagement und bewusste Präsenz sind entscheidend.
- Involviere deine Familie – ohne sie zu vereinnahmen.

Tipp: Führe regelmässige "Lebensstrategiegespräche" mit Partner oder Familie. Was braucht ihr? Was braucht dein Unternehmen? Wo sind Konflikte – und Lösungen?

Kapitel 4: Erfolg neu definieren – Was bedeutet „gewinnen" wirklich?

In der klassischen Welt heisst Erfolg: Umsatz, Skalierung, Exit. Doch viele Gründer, die all das erreicht haben, spüren: Da fehlt etwas. Wahre Erfüllung beginnt, wenn du deinen eigenen Erfolgsbegriff findest.

4.1 Der äussere vs. der innere Erfolg

- **Äusserer Erfolg:** Sichtbare Resultate – Umsatz, Reichweite, Marktanteil.
- **Innerer Erfolg:** Subjektives Erleben – Sinn, Zufriedenheit, Freiheit.

Übung:
Formuliere deinen persönlichen Erfolgsbegriff in einem Satz. Beispiel: „Ich bin erfolgreich, wenn ich mit Freude arbeite, Menschen inspiriere und Zeit für meine Familie habe."

4.2 Erfolg ist eine Frage des Gleichgewichts

- Wachstum & Stabilität
- Leistung & Erholung
- Arbeit & Leben

Beispiel:
Ein Gründer feierte millionenschweren Exit – und fiel danach in ein Loch. Erst als er sein neues Projekt mit persönlichem Sinn verband (Bildungsförderung für Kinder), fühlte er sich wieder lebendig.

Kapitel 5: Haltung zeigen – Der innere Kompass

„Es ist nicht wichtig, dass du immer den Weg weisst – aber dass du immer deinen Kompass spürst." Unbekannt

Haltung ist mehr als Meinung. Haltung ist das, wofür du stehst – gerade dann, wenn es schwierig wird.

5.1 Unternehmerische Prinzipientreue
- Welche Werte sind für dich nicht verhandelbar?
- Wo ziehst du Grenzen – auch wenn Geld oder Wachstum locken?
- Welche Kunden oder Projekte würdest du bewusst *nicht* annehmen?

5.2 Langfristiges Denken kultivieren
- Denke in Jahren – nicht nur in Quartalen.
- Baue Beziehungen – nicht nur Netzwerke.
- Frage dich: Was sollen Menschen in 10 Jahren über dein Unternehmen sagen?

5.3 Beispiel: Haltung kostet – aber sie zahlt sich aus
Ein Start-up lehnte einen grossen Investor ab, weil dessen Werte nicht zur Firmenkultur passten. Kurzfristig bedeutete das Verzicht – langfristig brachte es Glaubwürdigkeit, bessere Mitarbeiterbindung und mehr Vertrauen am Markt.

Dein Fazit:
Unternehmerische Reife beginnt, wenn du bereit bist, die Verantwortung nicht nur für dein Unternehmen – sondern für dein Wirken in der Welt zu übernehmen.

Kapitel 6: Entscheidungen treffen – Klarheit trotz Unsicherheit

In der Welt der Unternehmer ist 100 % Gewissheit eine Illusion. Gute Entscheidungen müssen oft unter Zeitdruck, Unsicherheit und Risiko getroffen werden.

6.1 Entscheidungskompetenz entwickeln

- **70-%-Regel (nach Jeff Bezos):** Warte nicht auf alle Daten. Wenn du 70 % der Infos hast, triff die Entscheidung.
- **Fehlerfreundlich entscheiden:** Triff lieber eine *korrigierbare* Entscheidung schnell als eine perfekte nie.
- **Verantwortung statt Perfektion:** Du wirst nie alles richtig machen – aber du kannst es verantwortungsvoll tun.

6.2 Entscheidungen kommunizieren

Gute Führung zeigt sich nicht nur in *was* entschieden wird – sondern *wie* es kommuniziert wird:

- **Kontext klären:** Warum wurde entschieden?
- **Verständlich machen:** Was bedeutet das konkret?
- **Respektvoll bleiben:** Auch bei unpopulären Entscheidungen Haltung zeigen.

6.3 Beispiel: Die unbequeme Trennung

Ein Start-up-Co-Founder blockierte durch mangelnde Leistung und destruktives Verhalten das Team. Der andere Gründer zögerte lange – aus Angst vor Konflikt. Erst nach vielen Wochen griff er durch, mit klarer Kommunikation und Wertschätzung. Ergebnis: Das Team atmete auf – und das Unternehmen gewann an Tempo.

Kapitel 7: Teamführung – Vertrauen, Verantwortung, Kultur

Ein starkes Team entsteht nicht durch Glück – sondern durch bewusste Führung.

7.1 Psychologische Sicherheit schaffen

Mitarbeitende müssen das Gefühl haben, Fehler machen zu dürfen, Fragen stellen zu können und sich einbringen zu dürfen – ohne Angst vor Abwertung.

- **Fehler als Lernchancen definieren**
- **Transparenz vorleben – auch in der eigenen Unsicherheit**
- **Lob gezielt und ehrlich einsetzen**

7.2 Verantwortung übergeben – Empowerment statt Mikromanagement

Verantwortung zu delegieren, bedeutet nicht Kontrollverlust – sondern Vertrauensvorschuss.

- Klare Ziele formulieren – aber Freiraum beim *Wie* lassen
- Erwartungen abstimmen – und dann loslassen
- Ergebnisse feiern – nicht nur den Output, sondern auch die Entwicklung

7.3 Kultur gestalten – bewusst und authentisch

„Culture eats strategy for breakfast." - Peter Drucker

- Unternehmenskultur ist nicht, was an der Wand steht – sondern wie ihr miteinander umgeht.
- Deine Werte als Gründer sind die Saat der Kultur – lebe sie sichtbar vor.
- Kulturen entstehen nicht zufällig – sie entstehen durch Haltung, Sprache und tägliche Rituale.

Beispiel:
Eine Gründerin führte „Fehler-Freitage" ein: Jede Woche erzählt jemand von einem Fehler – und was er daraus gelernt hat. Ergebnis: Humor, Ehrlichkeit, Innovation.

Kapitel 8: Führen im Spannungsfeld – Balance zwischen Nähe und Führung
Viele junge Unternehmer geraten in eine Falle: Sie wollen geliebt werden – und vermeiden unangenehme Entscheidungen.

Kapitel 8: Führen im Spannungsfeld – Balance zwischen Nähe und Führung
Viele junge Unternehmer geraten in eine Falle: Sie wollen geliebt werden – und vermeiden unangenehme Entscheidungen.

8.1 Führungsrolle annehmen – nicht nur Kollege sein

- Du darfst freundlich sein – aber du musst auch Klarheit geben.

Mensch. Unternehmer. Macher.

- Nähe und Respekt schliessen sich nicht aus – sie bedingen einander.
- Du bist nicht Teil des Teams – du *führst* das T

8.2 Entscheidungen treffen – auch wenn sie wehtun

Führung bedeutet oft: mutige Entscheidungen zu treffen, auch wenn sie unbequem sind. Trennungen, Kurswechsel, Nein sagen – das gehört dazu.

- Gute Führung heisst nicht, immer nett zu sein – sondern immer klar und fair.
- Manchmal musst du das Richtige tun, auch wenn es dich kurzfristig unbeliebt macht.

Dein Fazit:
Führung im Aussen beginnt mit einem ehrlichen Blick nach innen. Wenn du lernst, Menschen zu verstehen, zu befähigen und zu inspirieren, wirst du mehr schaffen als Erfolg – du wirst Wirkung entfalten. Unternehmerische Führung ist nie nur Management – sie ist Beziehungskunst auf höchstem Niveau.

Kapitel 9: Mensch bleiben – Die Kunst, bei sich zu bleiben

In der Hektik der Wachstumsphasen, im Druck von Entscheidungen, im Rausch des Erfolgs kann man sich selbst verlieren. Mensch bleiben bedeutet:

9.1 Emotionale Selbstführung kultivieren
- **Ego oder Essenz?** Handle ich aus Angst, Stolz oder echter Überzeugung?
- **Empathie zeigen:** Auch (und gerade) in der Führung.
- **Fehler zugeben:** Grösse zeigen heisst, Mensch sein dürfen.

9.2 Authentizität schlägt Perfektion
Menschen folgen nicht dem perfekten Anführer – sondern dem echten. Deine Schwächen machen dich glaubwürdig. Deine Lernbereitschaft macht dich inspirierend.

9.3 Dankbarkeit & Demut
- Jedes Wachstum ist Geschenk und Verantwortung.
- Danke sagen ist kein Soft Skill – es ist Leadership.
- Demut bedeutet nicht Kleinheit – sondern Verbundenheit mit etwas Grösserem.

Beispiel:
Eine Unternehmerin etablierte nach einem Burnout eine tägliche Dankbarkeitsrunde im Team. Ergebnis: mehr Menschlichkeit, weniger Druck, mehr Loyalität.

Dein Fazit:
Du kannst Erfolg haben – ohne dich zu verlieren. Du kannst Unternehmer sein – und Mensch bleiben. Entscheidend ist nicht, wie hoch

Mensch. Unternehmer. Macher.

du steigst, sondern wie du dabei auf dem Boden bleibst. Wenn du deinen Weg mit Sinn, Haltung und Herz gehst, wirst du nicht nur ein guter Unternehmer – sondern ein erfüllter Mensch.

TEIL 4 MARKETING UND VERTRIEB. ALLE WISSEN WIE ES GEHT.
WORAN LIEGT ES, DASS ES MEIST NICHT GENUG FUNKTIONIERT?

Kapitel 1: Marketing – Der Kunde als Kompass

Marketing, alle können mitreden, aber wer weiss was Marketing wirklich bedeutet. Ich frage seit rund 40 Jahren in unzähligen Seminaren: «Was ist Ihrer Meinung nach Marketing». Es werden immer die üblichen Verdächtigen genannt. «Werbung, Öffentlichkeitsarbeit, Verkaufstrategie, Social Media Kampagnen, Kundenakquise usw.» Alles ist richtig, reicht aber nicht aus.

„Was ist Marketing?"
Marketing ist die **konsequente Ausrichtung des gesamten Unternehmens an den Bedürfnissen des Marktes** – oder noch klarer: **an den Bedürfnissen der Kunden.**

Diese Definition geht über Werbung, bunte Logos und Social Media hinaus. Marketing ist keine Abteilung – es ist eine **unternehmerische Denkhaltung.**

Marketing ist:
„Alles Denken und Handeln im Unternehmen muss sich an dem Kunden ausrichten."- Günter Reichelt

Marketing ist Chefsache – keine Aufgabe für zwischendurch

Ein häufiges Missverständnis: Marketing wird als ausführende Funktion verstanden – z. B. „Flyer gestalten", „Kampagnen planen", „Newsletter verschicken". Das sind **operative Aufgaben** – aber echtes Marketing beginnt viel früher: Im **Produktdesign, in der**

Mensch. Unternehmer. Macher.

Preisgestaltung, im Kundendienst, in der strategischen Ausrichtung und vor allem in der Unternehmenskultur.

**Marketing ist nicht ein Teil des Unternehmens –
Marketing ist das Unternehmen.**

Daraus folgt:
Marketing ist eine zentrale Führungsaufgabe. Es kann **nicht einfach delegiert** werden – denn **es betrifft jede Entscheidung**:

- Welches Produkt bauen wir?
- Für wen? Mit welchem Nutzen?
- Wie kommunizieren wir unseren Wert?
- Wie positionieren wir uns im Markt?
- Wie Kundenorientiert ist jeder Mitarbeiter aufgestellt?

Die vier zentralen Fragen des strategischen Marketings

1. **Wer ist mein Kunde?**
   Zielgruppe, Persona, Nutzungsverhalten, Werte – wer ist der Mensch, für den wir da sind?
2. **Welches Problem lösen wir?**
   Kein Kunde kauft ein Produkt – er kauft **eine Lösung für sein Bedürfnis**.
3. **Was ist unser einzigartiger Wertbeitrag (USP)?**
   Was macht uns **anders** – nicht nur besser?
4. **Wie fühlt sich unser Kunde vor, während und nach der Leistung?**
5. Marketing umfasst die **gesamte Kundenerfahrung (Customer Experience)** – vom ersten Klick bis zu den Massnahmen der Kundenbindung.

Marketing bedeutet: Denken vom Kunden aus

Marketing beginnt **nicht mit dem Produkt**, sondern mit dem Kunden.
Nicht: *„Was können wir verkaufen?"*
Sondern: *„Was braucht der Kunde – und wie können wir ihm das auf für ihn sinnvolle Weise geben?"*

Beispiel:
Ein SaaS-Startup entwickelt eine Reporting-Software. Technisch exzellent, aber kaum genutzt. Nach Kundeninterviews stellt sich heraus: Die Zielgruppe wünscht sich **Sofortübersichten und Warnmeldungen**, keine komplexen Analysen. Nach der Anpassung des Dashboards explodiert die Nutzung. **Nicht der Code macht das Produkt erfolgreich – sondern das Verständnis der Kundensituation.**

Marketing ist Beziehung – nicht Beeinflussung

Gutes Marketing will **nicht manipulieren**, sondern **verbinden**.
Es fragt nicht: *„Wie überzeuge ich Kunden?"*
Sondern: *„Wie kann ich ehrlich zeigen, welchen Mehrwert wir bieten – und damit Vertrauen aufbauen?"*

Starke Marken **verkaufen keine Produkte**, sondern **Identität, Haltung, Zugehörigkeit, ein Gefühl**. Wer heute erfolgreich sein will, muss **Mehrwert UND Haltung kommunizieren**.

Die Konsequenz: Marketing durchzieht jede Unternehmensfunktion.

Bereich	Marketing-Frage
Produktentwicklung	Was wünscht sich der Kunde wirklich?

Mensch. Unternehmer. Macher.

Bereich	Marketing-Frage
Pricing	Welchen Wert hat unser Angebot für ihn?
Vertrieb	Wie kommunizieren wir Nutzen statt Funktionen?
Support	Wie machen wir Probleme zu positiven Erfahrungen?
HR & Kultur	Wie wird Kundenzentrierung im Team gelebt?

Check: Ist dein Unternehmen wirklich marketinggetrieben?

- Gibt es ein klares Verständnis, wer der ideale Kunde ist?
- Gibt es ein klares Verständnis, dass der Kunden derjenige ist, der alle Kosten bezahlt?
- Hat jede Unternehmensentscheidung eine klare Kundenbegründung?
- Sind Kundenerfahrungen messbar und analysiert?
- Ist der Kundennutzen Kern der Kommunikation – intern wie extern?
- Wird Marketing regelmässig im Führungskreis besprochen?

Fazit:
Marketing ist Führungsarbeit – von Anfang bis immer.

Marketing ist der rote Faden, der alle Unternehmensentscheidungen durchzieht. Wer Marketing delegiert, gibt die Kundenperspektive aus der Hand – und damit den Schlüssel zum Markterfolg.

Marketing beginnt nicht beim Produkt – sondern beim Menschen. Und genau deshalb muss es im Zentrum jeder unternehmerischen Entscheidung stehen.

Marketing heisst: Denken in Kundenperspektive – in allen Bereichen

„Wenn du wirklich kundenorientiert sein willst, musst du bereit sein, dich selbst im Spiegel des Kunden zu sehen – nicht nur dein Produkt."

Marketing betrifft nicht nur *Produktgestaltung oder Werbung*, sondern **jede einzelne Interaktion mit dem Unternehmen** – unabhängig davon, ob sie geplant oder beiläufig geschieht.

Ein Unternehmen, das sich **konsequent am Kunden** ausrichtet, denkt in jeder Entscheidung:
Wie wirkt das auf den Kunden?
Was fühlt, denkt oder versteht der Kunde in diesem Moment?

Die Herausforderung ist:
Du musst alles tun, um den Kunden zu deinem Fan zu machen Ein Fan hält dann auch in mal schlechten Zeiten zu dir.

Das ist Marketing vom Feinsten:

Beispiel 1: Die Telefonzentrale – oder: der erste Schmerzpunkt
Früher klingelte ein Telefon in der Telefonzentrale zehnmal, bevor jemand abhob. Niemand wollte unhöflich sein – es war schlicht **organisatorische Nachlässigkeit**. Doch aus Sicht des Kunden: **ein Fiasko**. Er war vielleicht schon aufgebracht – mit jeder Sekunde Wartezeit wurde aus Unmut Wut.

Heute ist es noch schlimmer: automatische Sprachansagen, IVR-Systeme („Drücken Sie die 1 für…") – **Effizienz für das Unternehmen, Frustration für den Kunden.** *Sehr schlechtes Marketing.*

Marketing bedeutet hier:
Nicht: Wie kann ich Personal und Kosten sparen?
Sondern: Wie kann ich die *erste Kontaktaufnahme* so gestalten, dass der Kunde sich **ernst genommen und willkommen fühlt**?

Beispiel 2: Das Kontaktformular ohne Antwort
Ein potenzieller Kunde füllt das Kontaktformular auf der Website aus. Drei Tage später – keine Reaktion. Oder gleich schlimm, er erhält eine automatisierte, nichts sagende Antwort.
Für ihn bedeutet das: **Desinteresse, Intransparenz, Kälte.**
Er geht. Du merkst es nicht einmal – aber dein Unternehmen hat an Reputation, einen Kunden verloren. *Sehr schlechtes Marketing.*

Marketing bedeutet hier:
Nicht nur ein hübsches Formular (wenn überhaupt) – sondern ein **Reaktionsversprechen mit Verlässlichkeit**: z. B. „Wir melden uns werktags innerhalb von 24 Stunden." Und dann: *halten*.

Vielleicht ist es auch viel erfolgreicher und kundenorientierter eine Telefonnummer anzubieten und es geht sofort der entsprechende Experte ran oder kann sofort mit einem solchen verbunden werden. Das kostet jedoch Geld, *ist aber gutes Marketing.*

Das alles gilt auch für FAQs und die aktuell so belieben und KI-gesteuerten, kostensparenden Chatbots. In der Regel eine Rationalisierung auf Kosten der Kundenzufriedenheit und meist *sehr schlechtes Marketing.*

Beispiel 3: Die Funktion ohne Nutzen – im Marketing-Sprech
Auf deiner Website steht:
„Unsere Software verfügt über ein intelligentes Berichtswesen."
Aber was bedeutet das konkret für den Kunden?

Was er hören müsste:
„Mit wenigen Klicks erkennen Sie sofort, wo Ihr Unternehmen Geld verliert – und wie Sie es stoppen können."

Marketing bedeutet hier:
Immer **Nutzen formulieren** – nicht nur Merkmale.
Sehr gutes Marketing,
Ein Produktmerkmal erklärt das *Was* – der Nutzen erklärt das *Warum es für mich als Kunde wichtig ist.*

Beispiel 4: Die Rechnung als Kommunikation
Auch Rechnungen sind Teil des Marketings.
Ist sie unübersichtlich? Trocken? Nur eine Mahnung zur Zahlung? Oder ist sie transparent, freundlich, mit Kontaktmöglichkeit bei Rückfragen versehen?

Marketing bedeutet auch:
„Wie kann ich selbst eine Rechnung zur positiven Kundenbeziehung machen?"

Beispiel 5: Der Lieferant als „unsichtbarer Held"
Ein B2B-Unternehmen reduziert den Lieferantenservice, weil „ja eh nur das Lager spricht". Doch der Einkäufer auf Kundenseite spürt das sofort: kürzere Beratung, weniger Kulanz, kein Ansprechpartner mehr. Ein scheinbar interner Sparschritt – mit **sichtbarer Aussenwirkung**. *Sehr schlechtes Marketing.*

Marketing bedeutet hier:
Vertrieb beginnt **nicht beim Kunden**, sondern bei **jedem internen Schnittpunkt**, der Kundenwahrnehmung beeinflusst.

Lieferantentreue muss genauso wichtig sein, wie unsere Kunden es für uns sind. Beim Lieferanten sind wir Kunden.

Mensch. Unternehmer. Macher.

Beispiel 6: Der Meetingraum mit Perspektive

Du führst Kundengespräche in deinem Büro. An der Wand hängen interne Charts, Abteilungsstruktur, Kalender oder ein tolles Bild. Alles gut gemeint – aber **aus Sicht des Kunden irrelevant.**
Was wäre stattdessen sinnvoll? Ein **visueller Fokus auf Kundenerfolg, Vision oder Mehrwert zum Beispiel.**

Marketing bedeutet hier:
Auch Räume kommunizieren. Was *sieht* der Kunde, was *spürt* er, wenn er dein Unternehmen betritt?

Prinzip: „Was bedeutet das aus Kundensicht?"
„Durchforste alle grossen und kleinen Bereiche deines Unternehmens – und frage dich bei jedem Schritt: Wie empfindet das der Kunde?"

Diese Frage ist der Schlüssel zu echtem, wirksamem Marketing.

Unternehmensbereich	Aus Kundensicht gefragt
Website	Finde ich in 5 Sekunden, was ich wirklich suche?
E-Mails	Ist klar, worum es geht? Fühle ich mich gemeint?
Hotline	Fühle ich mich verstanden – oder wie ein Störfaktor?
Produktdesign	Verstehe ich sofort den Mehrwert?

Unternehmensbereich	Aus Kundensicht gefragt
Sprache in Broschüren	Wird erklärt, was das *für mich* bringt?
Supportverhalten	Bekomme ich Hilfe – oder eine Ausrede?

Fazit:
„Marketing ist die Kunst, das Unternehmen mit den Augen des Kunden zu sehen – und dann zu handeln, als würde man selbst kaufen."

Wenn du jeden einzelnen Prozess, jede Mail, jede Entscheidung durch die **Brille deiner Kunden** betrachtest, wirst du Marketing nicht mehr als Aufgabe sehen – sondern als Haltung. Und genau dann beginnt dein Unternehmen, **magnetisch** zu werden.

Quintessenz:
Marketing ist letztlich vor allem eins – Vertrieb!

Exzellentes Marketing ist, wenn der Kunden dein Fan ist.

Kapitel 2: Vertrieb – Verstehen statt Überreden

„Menschen kaufen nicht, wenn sie verstanden werden. Sie kaufen, wenn sie sich verstanden fühlen." – Günter Reichelt

Vertrieb hat heute nicht mehr viel mit dem Bild des „Überreders" oder „Verkäufers" alter Schule zu tun. Niemand möchte überlistet oder gedrängt werden. Kunden sind informiert, kritisch und anspruchsvoll. Was sie suchen, ist kein Redner – sondern ein

Mensch. Unternehmer. Macher.

Sparringspartner, der zuhört, versteht, berät – und eine Lösung anbietet, die **ihnen nützt**.

Daher gilt heute mehr denn je:
Vertrieb ist kein Reden – Vertrieb ist aktives Zuhören.

2.1 Der Wandel im Vertriebsverständnis
Alt: Produktzentriert

- Fokus: „Unser Produkt ist das Beste!"
- Denkweise: „Ich erkläre dir, warum du das brauchst."
- Sprache: „Features, Spezifikationen, Angebote"

Neu: Kundenorientiert & lösungsfokussiert

- Fokus: „Was ist dein Problem – und wie kann ich dir helfen?"
- Denkweise: „Ich verstehe deine Welt – und biete dir darin echten Mehrwert."
- Sprache: „Nutzen, Vertrauen, Partnerschaft".

2.2 Die wichtigste Fähigkeit im Vertrieb: EMPATHIE
Der erfolgreiche Vertriebler (oder Unternehmer!) fragt nicht:

- *Was will ich verkaufen?*

Sondern:
Was braucht dieser Mensch gerade wirklich?

- *Was würde ihm helfen, erfolgreicher, glücklicher oder sicherer zu sein?*

„Der beste Verkäufer ist der beste Zuhörer." – Günter Reichelt

2.3 Die vier Phasen eines zeitgemässen Vertriebsprozesses

1. Verstehen

- Recherchiere dein Gegenüber.
- Stelle offene, neugierige Fragen.
- Nimm dir Zeit für das Warum hinter dem Wunsch.
- Akquiriere nicht in Massen sondern Menschen.

Beispiel:
Statt: *„Welche Lösung brauchen Sie?"*
Besser: *„Was hat Sie auf die Idee gebracht, dass Sie etwas verändern möchten?"*

2. Spiegeln

- Zeige, dass du verstanden hast.
- Wiederhole sinngemäss die Anliegen.
- Vermeide vorschnelle Lösungen – baue erst Beziehung auf.

Beispiel:
„Wenn ich Sie richtig verstehe, geht es Ihnen vor allem darum, XY zu vereinfachen – und dabei keine Kontrolle zu verlieren. Richtig?"

3. Lösung anbieten

- Formuliere deinen Vorschlag als Reaktion auf das, was du gehört hast.
- Fokussiere auf den **Nutzen**, nicht auf Funktionen.
- Binde das Angebot in das Erleben des Kunden ein (Visualisierung, Beispiele, Stories).

Beispiel:
„Was ich Ihnen zeigen möchte, ist eine Möglichkeit, wie Sie Ihr Reporting in 15 Minuten aufsetzen können – ohne IT-Kenntnisse und mit Echtzeitüberblick."

4. Vertrauen vertiefen

- Sei erreichbar. Sei ehrlich. Sei verbindlich – ohne Druck.
- Liefere nach dem Gespräch echten Mehrwert (Checkliste, Inspiration, Empfehlung).
- Lass Raum für Rückfragen – statt „Willst du kaufen?" lieber: *„Was fehlt Ihnen noch zur Entscheidung?"*

Wichtig:
Sei immer für den Kunden da, egal wann. Der Kunde geht immer vor!

2.4 Vertrieb beginnt nicht im Pitch – sondern im ersten Eindruck

Vertrieb passiert nicht erst im Angebot – sondern in der **gesamten Customer Journey**:

- Wie wird der erste Kontakt wahrgenommen?
- Wie authentisch ist der Auftritt?
- Wie konsistent ist die Erfahrung von der Website über das Gespräch bis zur Betreuung?

Jede Berührung mit dem Unternehmen IST Vertrieb.

2.5 Kundenbindung ist der neue Vertrieb

Bestehende Kunden sind die besten Verkäufer:

- Sie empfehlen dich weiter.
- Sie kaufen häufiger und mit weniger Aufwand.
- Sie vertrauen dir – weil du ihnen schon einmal geholfen hast.

Tipp: Plane im Vertrieb nicht nur Akquise-Strategien – sondern **Beziehungsstrategien.**

Frage dich:

- Wie überrasche ich Bestandskunden positiv?
- Wie halte ich Kontakt, ohne zu verkaufen?
- Wie zeige ich, dass ich langfristig denke?

Vertrieb ist eine Haltung. Eine Einladung. Und vor allem: ein Dienst am Kunden.

2.6 Vertrieb ist wie Marketing keine Abteilung – sondern eine Haltung

In modernen Unternehmen ist **jeder Mitarbeitende ein Teil des Vertriebs – siehe Marketing**:

- Der Supportmitarbeiter, der das Problem charmant löst.
- Der Entwickler, der im Kundenmeeting einfach und ehrlich erklärt.
- Die Buchhaltung, die Rechnungen freundlich formuliert und sofort Rückfragen beantwortet.

Vertrieb geschieht überall dort, wo Menschen Vertrauen aufbauen oder verlieren.

2.7 Reflexionsfragen für deinen Vertrieb

- Höre ich wirklich zu – oder warte ich nur auf meinen Einsatz?
- Spricht meine Präsentation mehr über **mich** oder über **den Kunden**?
- Haben meine Kunden nach dem Gespräch mehr Klarheit – oder nur mehr Infos?
- Wie oft frage ich bewusst nach dem *Warum* hinter dem *Was*?

Fazit:
Vertrieb ist Beziehung. Und Beziehung ist Verantwortung.

„Menschen kaufen nicht, weil sie überzeugt wurden – sondern weil sie sich verstanden fühlten."

Der moderne Vertrieb ist kein Druckmittel – sondern ein **Dialog auf Augenhöhe**. Er beginnt beim Zuhören, wächst durch Vertrauen – und führt zur Entscheidung nicht durch Argumente, sondern durch gemeinsame Klarheit.

TEIL 5 SONDERTEIL

Vorwort zum Sonderteil

Ich war 20 Jahre alt, als ich meine erste Führungsposition übernahm. Verkaufsleiter Innendienst in einer namhaften Stickereifabrik – mit Verantwortung für die Grosskunden wie Betty Barclay, Hagedorn & Henke oder Lucie Linden und die Korrespondenz für zwei Kolleginnen in der Auftragsabwicklung des Meterwarenhandels.

Ich ging mit Begeisterung an die Aufgabe. Doch recht schnell wurde mir klar: Fachlich war ich gut vorbereitet – menschlich noch nicht. Ich machte Fehler. Vor allem im Umgang mit Menschen: Kolleginnen, Kunden, Vorgesetzten. Nicht aus bösem Willen, sondern aus Unerfahrenheit.

Damals stellte ich mir eine einfache Frage: **«Warum machen ältere, erfahrene Menschen so viele dieser Fehler nicht (mehr)?»**

Die Antwort lag auf der Hand: Sie hatten über die Jahre gelernt, was funktioniert – und was nicht. Was wirkt – und was schadet. Was Menschen brauchen – und was sie verletzt.

Ich wollte nicht warten, bis ich alt war, um das zu verstehen und teuer dafür bezahlen zu müssen. Also begann ich zu lesen. Viel zu lesen. Ich besuchte Seminare. Nahm mir Zeit. Investierte mein eigenes Geld und meine Freizeit. Damals musste man für so etwas noch selbst zahlen.

Einige dieser Bücher und Persönlichkeiten prägten mich tief.

1. Die **Lehren Dale Carnegies** in seinen drei Büchern erinnern daran, dass Business letztlich immer von Menschen für Menschen gemacht wird. Lass dir in drei Sonderkapitel

erläutern, dass zwischenmenschliche Kompetenz kein Add-on, sondern das Fundament gelingender Führung ist.
2. Das **Peter-Prinzip** mahnt uns, warum Beförderung ohne Reife zur Falle wird – und weshalb Selbstreflexion für Unternehmer und Unternehmerinnen essenziell ist.
3. Das **Pareto-Prinzip** zeigt uns, warum nicht alles gleich wichtig ist – und warum der Schlüssel zum Erfolg oft darin liegt, weniger zu tun, aber das Richtige.
4. **Samy Molcho**, der mich mit seinen Büchern und extrem teuren Seminaren gelehrt hat, wie unser Körper spricht, auch wenn der Mund schweigt
5. Das **Reichelt-Prinzip**, Rückschläge gehören zum Leben. Im Privaten. Im Beruf. Im Unternehmertum. Essentielle Erfahrungen.

Diese sechs Sonderkapitel, die du nun im Anschluss findest, sind mehr als theoretische Ergänzungen. Sie sind ein Extrakt aus Erfahrung, Reflexion – und Anwendung. Ich habe sie für dich ausgewählt und aufbereitet, damit du schneller verstehst, wofür andere Jahre oder Jahrzehnte gebraucht haben.

Nicht als Abkürzung, sondern als **Abschätzung**: Wo du dir Umwege sparen kannst. Und wo du mit Klarheit, Haltung und Tiefe deine eigene Unternehmerreise sicherer und menschlicher gestalten kannst.

Ich wünsche dir dabei Erkenntnisse – und Mut zur Umsetzung.
Denn Wissen allein verändert nichts. Angewandtes Wissen aber verändert alles.

**Herzlich,
Günter Reichelt**

Sonderkapitel 1: Dale Carnegies Prinzipien – Menschen gewinnen, Vertrauen aufbauen, nachhaltig führen.
Wie man Freunde gewinnt.

„Der Umgang mit Menschen ist wahrscheinlich das grösste Problem, dem Sie im Geschäftsleben begegnen werden."
– Dale Carnegie

Warum Dale Carnegies Prinzipien zeitlos und für Unternehmer Gold wert sind.

Dale Carnegie veröffentlichte sein Buch *„How to Win Friends and Influence People – **Wie man Freunde gewinnt**"* bereits 1936. Doch die darin beschriebenen Prinzipien sind heute aktueller denn je – gerade für Unternehmerinnen und Unternehmer in einer komplexen, dynamischen Welt. In vielen Konzernen weltweit wird dem Management nahegelegt, die Bücher von Dale Carnegie zu lesen.

Denn: Egal, wie digital, skalierbar oder automatisiert dein Unternehmen ist – **Menschen entscheiden. Menschen kaufen. Menschen folgen.**

In einer Welt, die laut schreit, hat Carnegie etwas Zeitloses formuliert:

Menschen folgen nicht der besten Idee – sondern dem Menschen, dem sie am meisten vertrauen. – Dale Carnegie

Wer Menschen nicht versteht, kann sie auch nicht führen, kann nicht erfolgreich sein.

Mensch. Unternehmer. Macher.

Die 10 wichtigsten Carnegie-Prinzipien für Unternehmer – und wie du sie anwendest:

1. Interessiere dich ehrlich für andere Menschen.
Interesse zeigen – statt im Ich-Modus senden.

> *„Sprich mit anderen über das, was sie interessiert – und sie werden dich lieben." – Dale Carnegie*

Viele Unternehmer überschätzen, wie interessant sie selbst wirken – und unterschätzen, wie stark echtes Interesse wirkt. Carnegie lehrt: Menschen öffnen sich, wenn sie sich gesehen fühlen.

Echte Verbindung beginnt mit echter Aufmerksamkeit. Kunden, Investoren, Mitarbeitende – alle spüren, ob dein Interesse aufrichtig ist oder nur Kalkül.

Beispiel:
Ein Gründer, der beim Investorenpitch nicht nur Zahlen präsentiert, sondern den VC-Partner *als Mensch* anspricht – was motiviert ihn, was treibt ihn an? Oft entscheidet genau das über Vertrauen und Abschluss.

Praxis-Tipp:
- Höre im nächsten Gespräch 80 % zu – und stelle mindestens fünf echte Fragen. Nicht, um zu antworten, sondern um zu verstehen.
- Stelle offene Fragen: „Was beschäftigt Sie aktuell in Ihrem Markt?"
- Höre aktiv zu – ohne sofort zu antworten oder zu pitchen.
- Merke dir persönliche Details (z. B. Namen von Kindern, Hobbys, Jubiläen).

2. Lächle – und schaffe emotionale Offenheit
Ein Lächeln ist keine Oberflächlichkeit – es ist eine Einladung. Als Unternehmer bist du ständiger Sender: Du sendest Haltung, Energie, Sicherheit.

> *Carnegie sagt:* Menschen lieben es, mit freundlichen Menschen zu arbeiten. Sympathie schafft Bindung.

Tipp:
Auch am Telefon – dein Lächeln „hört" man. Deine Stimmung ist spürbar – selbst in E-Mails und natürlich in Videocalls.

---

3. Namen merken – kleine Geste, grosse Wirkung
„Der Name einer Person ist für sie das süsseste und wichtigste Wort in jeder Sprache."

Menschen möchten wahrgenommen werden – nicht als Nummer, sondern als Mensch. Wer Namen vergisst, signalisiert: „Du bist mir nicht wichtig." Wer sie verwendet, baut sofort Nähe auf.

Praxis-Tipp:

- Nutze Namen bewusst in Gesprächen: „Danke, Anna, dass du das übernommen hast."
- Verwende visuelle Merktechniken, um neue Namen schneller zu behalten.
- In Tools (CRM, E-Mails): Notiere dir Namen + Kontext für spätere Nutzung.

4. Sprich mit Menschen über das, was sie interessiert
Kunden interessiert nicht dein Produkt – sondern **was es für sie verändert**. Investoren interessieren sich nicht für deine Idee – sondern

für den Impact und die Rendite. Mitarbeiter interessieren sich nicht für KPIs – sondern für Sinn, Wachstum, Wertschätzung.

Beispiel:
Anstatt deinem Team nur Umsatzziele zu präsentieren, zeige, wie deren Arbeit echte Kundenprobleme löst. Das inspiriert mehr als jede Deadline.

Reflexionsfrage:
Habe ich in dieser Woche bewusst versucht, die Sichtweise meines Gegenübers zu verstehen?

---

5. Gib ehrliche und aufrichtige Anerkennung

Anerkennung ist Treibstoff – gerade für ambitionierte, engagierte Menschen. Doch sie muss echt sein. Carnegie sagt: *„Lob muss von Herzen kommen."*

Gefahr: Viele Unternehmer vergessen zu loben, weil sie ständig „im Kopf schon bei der nächsten Baustelle" sind.

Beispiel: Statt „Gut gemacht!" lieber: „Ich habe gesehen, wie strukturiert du das Kundengespräch vorbereitet hast – das war beeindruckend."

---

6. Zustimmung erzeugen – statt Widerstand provozieren

„Beginne mit Anerkennung und ehrlichem Lob. Stelle Fragen, statt Befehle zu erteilen."

Mitarbeiter, Kunden und Partner lehnen Befehle ab – selbst dann, wenn sie sachlich korrekt sind. Erfolgreiche Unternehmer gestalten Dialoge so, dass sich ihr Gegenüber als Mitgestalter fühlt.

Statt: „Sie müssen XY tun."
Besser: „Was wäre aus Ihrer Sicht der nächste sinnvolle Schritt?"
Oder: „Wie können wir gemeinsam dafür sorgen, dass XY klappt?"

---

7. Das Ego deines Gegenübers stärken – nicht deines
„Lass den anderen das Gefühl haben, die Idee stammt von ihm."

Carnegie wusste: Menschen lieben ihre eigenen Ideen. Wer als Unternehmer darauf besteht, immer „der Schlauste im Raum" zu sein, verliert Engagement. Wer inspiriert statt dominiert, gewinnt loyale Wegbegleiter.

Praxis-Tipp in Meetings:

- Statt: „Ich habe einen Plan." → „Ich habe einen Impuls – was denkt ihr?"
- Statt: „Das habe ich mir so überlegt." → „Was haltet ihr von diesem Ansatz – oder habt ihr eine andere Idee?"

---

8. Kritik vermeiden – Wertschätzung zeigen
„Kritisiere, verurteile und klage nicht."

Menschen verändern sich selten durch Kritik – sondern durch Inspiration. Unternehmer, die ihre Mitarbeiter oder Partner ständig bewerten, erzeugen Distanz. Wer stattdessen ehrlich lobt und Potenziale betont, fördert Wachstum.

Praxis-Tipp:
Sag häufiger „Danke" für Selbstverständlichkeiten. Erkenne kleine Fortschritte an. Formuliere Feedback lösungsorientiert, z. B.:

- Statt: „Das war schlecht."
  „Ich sehe hier noch eine Chance zur Verbesserung, z. B. durch XY."

Kritik ist wie Salz – in Massen wirksam, im Übermass zerstörerisch. Menschen ändern sich nicht durch Vorwürfe – sondern durch Einsicht.

Carnegie sagt: *„Jeder Mensch hungert nach Anerkennung."*
kritisiere, ohne zu verletzen. Führe, ohne zu demütigen.

---

9. Wie du durch echtes Interesse Vertrauen aufbaust

„Du kannst in zwei Monaten mehr Freunde finden, wenn du dich für andere interessierst, als in zwei Jahren, wenn du willst, dass sie sich für dich interessieren."

In Verhandlungen, im Verkauf, bei der Führung – echte Beziehung beginnt mit echter Aufmerksamkeit.

Dein unternehmerisches Werkzeug:

- Stelle Fragen, die Tiefe zeigen.
- Nimm dir Zeit für persönliche Gespräche.
- Reagiere individuell – nicht mit Standardphrasen.

---

10. Lass andere das Gefühl haben, dass die Idee von ihnen kommt

Menschen unterstützen, was sie mitentwickeln. Lass dein Team mitdenken. Beziehe Kunden ein. Mache deine Investoren zu Co-Creators.

Günter Reichelt

Was Unternehmer von Carnegie aus „Wie man Freunde gewinnt" lernen können auf den Punkt gebracht

Carnegie-Prinzip	Unternehmerische Umsetzung
Ehrliches Interesse zeigen	Kunden und Mitarbeitende verstehen
Lächeln und Wärme ausstrahlen	Energie & Zuversicht kommunizieren
Vom Gegenüber her denken	Bedürfnisse ins Zentrum stellen
Anerkennung geben	Lob konkret, echt und zeitnah einsetzen
Kritik konstruktiv äussern	Feedback als Entwicklung, nicht als Bewertung
Beteiligung fördern	Empowerment durch Mitsprache und Verantwortung

Reflexionsfragen für dich als Unternehmer:

- Wann habe ich zuletzt jemandem ein ehrliches Lob gegeben – und wie kam es an?
- Höre ich wirklich zu – oder warte ich nur auf meine Antwort?
- Wie viele Entscheidungen in meinem Unternehmen sind „von oben" getroffen – und wie viele im Dialog?

Mensch. Unternehmer. Macher.

Dein Fazit:
Führung beginnt beim Menschen – nicht beim Businessplan.

Dale Carnegie erinnert uns daran, dass der wertvollste Erfolgsfaktor **zwischen den Zeilen** liegt: in unserem Verhalten, unserer Haltung, unserer Menschlichkeit.

Wer andere inspirieren will, muss zuerst verstehen lernen.
Wer Loyalität will, muss Vertrauen geben.
Wer führen will, muss zuhören.

Und all das beginnt – wie Carnegie sagt – mit einem ehrlichen, offenen Herzen.

Ein Unternehmer, der Menschen versteht, muss sich nie um Geld sorgen.

Günter Reichelt

SONDERKAPITEL 2: GELASSEN FÜHREN – WAS UNTERNEHMER AUS „SORGE DICH NICHT – LEBE!" VON DALE CARNEGIE FÜR SICH UND IHR RESILIENTES LEBEN LERNEN KÖNNEN.

„Unser Leben ist das, wozu unser Denken es macht."
– *Marcus Aurelius (von Dale Carnegie zitiert)*

Gründen und Führen ist kein Spaziergang – sondern oft ein emotionaler Hochseilakt. Zweifel, Druck, finanzielle Verantwortung, ständige Entscheidungen: Wer unternehmerisch handelt, trägt Gewicht. Und je mehr du trägst, desto wichtiger ist deine Fähigkeit, **innerlich ruhig, klar und resilient zu bleiben.**

Dale Carnegie gibt in *„Sorge dich nicht – lebe!"* keine theoretischen Ratschläge, sondern praktische Werkzeuge – viele davon lassen sich eins zu eins auf das Unternehmerleben übertragen.

Die 6 wichtigsten Carnegie-Prinzipien für Unternehmer – und wie du sie anwendest:

1. Lebe in Tagesabschnitten – statt im Chaos der Zukunft

Carnegie spricht vom Prinzip der „Tageseinheiten". Unternehmer leben oft gedanklich in drei Welten: Was war, was ist, was kommt. Doch zu viel Blick in die Vergangenheit lähmt. Zu viel Fokus auf die Zukunft erzeugt Angst.

Prinzip: Lebe in der „heute-Zelle". Konzentriere dich auf das, was du *heute konkret beeinflussen kannst.*

Tipp: Beginne den Tag mit drei klaren Fragen:

- Was ist heute meine wichtigste Aufgabe?
- Wen will ich heute stärken oder inspirieren?

- Was ist heute genug?

Lerne privat und geschäftlich in zeitdichten Schotten zu denken und zu leben.

---

2. Akzeptiere das Schlimmste – und arbeite rückwärts

Carnegie empfiehlt eine Strategie für Krisensituationen:

1. Stell dir das schlimmstmögliche Szenario vor.
2. Akzeptiere es gedanklich.
3. Überlege, wie du es vermeiden oder verbessern kannst.

Beispiel: Wenn ein Projekt scheitert – was passiert im schlimmsten Fall? Wie würdest du reagieren? Was bleibt dir trotzdem? Diese mentale Vorbereitung reduziert Panik und schafft Handlungsfreiheit.

---

3. Höre auf, dich zu sorgen – fang an, zu handeln

Sorgen lähmen – Handlungen befreien. Viele Unternehmer grübeln, statt zu entscheiden. Doch Probleme lösen sich nicht im Kopf – sondern durch Bewegung.

Carnegie schreibt: „Analyse bringt Klarheit, Entscheidung bringt Ruhe."

Tipp: Wenn dich etwas umtreibt, schreibe:

- Was ist das Problem?
- Was sind mögliche Ursachen?
- Welche Optionen habe ich?
- Was ist der erste konkrete Schritt?

4. Kritikresistenz entwickeln – statt Kritikangst

Unternehmer werden kritisiert – von Kunden, Wettbewerbern, Investoren, dem eigenen Inneren. Carnegie sagt: Die meisten Kritiker reden über sich selbst, nicht über dich. Lerne, Kritik zu unterscheiden:

- **Konstruktiv?** Nimm sie an.
- **Destruktiv?** Lass sie los.

Beispiel: Wenn ein Kunde oder andere dich öffentlich kritisiert, frage dich: Was ist die Absicht dahinter? Gibt es einen wahren Kern? Und dann: Wie kann ich souverän reagieren?

---

5. Fülle deinen Tag mit positiven Gedanken und Aktivitäten

Das, was du täglich denkst, prägt dein unternehmerisches Verhalten. Wenn du dich nur auf Risiken, Probleme und Sorgen konzentrierst, verlierst du Leichtigkeit, Kreativität und Begeisterung.

Carnegie-Tipp: Lies Biografien von Menschen, die Rückschläge überlebt haben. Verbringe Zeit mit inspirierenden Persönlichkeiten. Schaffe dir eine „mentale Morgenroutine".

Beispiel-Routine:

- 5 Minuten Dankbarkeit
- 5 Minuten Planung
- 5 Minuten mentale Ausrichtung (z.B. Affirmationen oder Atemtechnik)

6. Pflege kleine Freuden – als Ausgleich zu grossen Belastungen

Unternehmertum ist Marathon, nicht Sprint. Wer nie auftankt, bleibt irgendwann liegen.

Carnegie war ein Verfechter kleiner Glücksmomente: ein Spaziergang, ein gutes Gespräch, Musik, ein ruhiger Kaffee. Diese scheinbar „unwichtigen" Dinge *halten dich lebendig* und stark.

Reflexionsfragen für deinen Unternehmeralltag

- Was sind meine 3 grössten Stressquellen – und wie kann ich ihnen mit mehr Klarheit begegnen?
- Habe ich heute aktiv etwas für mein emotionales Gleichgewicht getan?
- Wann bin ich zuletzt „in den Tag hineingefallen" – und wann habe ich ihn bewusst gestaltet?

***Dein Fazit:* Unternehmerische Stärke zeigt sich nicht in Entscheidungen – sondern in deinem inneren Zustand, wenn es stürmt.**

Dale Carnegie gibt uns keine Patentrezepte, aber einen klaren Kurs:

- Konzentriere dich auf das Heute.
- Entscheide mutig, statt zu grübeln.
- Halte deinen Geist sauber wie dein Büro.
- Sorge gut für dich – nicht als Egoismus, als Führungsqualität.

Günter Reichelt

SONDERKAPITEL 3: KLAR. ECHT. WIRKSAM. – KOMMUNIKATION ALS ERFOLGSFAKTOR. WAS UNTERNEHMER AUS „BESSER MITEINANDER REDEN" VON DALE CARNEGIE LERNEN KÖNNEN

Sprache ist ein Werkzeug – und gleichzeitig dein stärkster Hebel als Unternehmer. Ob in Pitches, Teammeetings oder Kundenpräsentationen: Wer klar, authentisch und inspirierend spricht, gewinnt nicht nur Aufmerksamkeit – sondern Vertrauen, Wirkung und Entscheidungsfreude.

Dale Carnegie liefert in *„Besser miteinander reden"* kein klassisches Rhetoriktraining, sondern ein praktisches Kommunikations-Mindset. Seine Grundidee:

Jeder Mensch kann sprechen lernen – wenn er lernt, er selbst zu sein.

Sprich über das, was du kennst, dann überzeugst du nachhaltig.

Die 6 wichtigsten Carnegie-Prinzipien für Unternehmer – und wie du sie anwendest:

1. Sprich aus Erfahrung – nicht aus Theorie
„Rede über das, was du kennst – und was dich bewegt."

Menschen spüren, ob du meinst, was du sagst. Unternehmer überzeugen nicht durch perfekte Worte, sondern durch **spürbare Authentizität**. Carnegie zeigt: Der wirkungsvollste Redner ist nicht derjenige mit der besten Technik, sondern mit dem ehrlichsten Anliegen.

Praxis-Tipp:

- Erzähle Geschichten aus deinem eigenen Unternehmerleben – auch die unangenehmen.
- Nutze persönliche Beispiele, um komplexe Themen greifbar zu machen.
- Sei verletzlich, wenn es passt – das schafft Nähe und Glaubwürdigkeit.

---

2. Der Einstieg entscheidet – in den ersten 30 Sekunden
„Starte mit etwas, das deine Zuhörer direkt betrifft."

Wie beginnst du ein Gespräch, eine Rede oder einen Pitch? Die meisten starten zu verkopft. Carnegie empfiehlt: Beginne dort, wo dein Gegenüber emotional abgeholt wird.

Gute Einstiege sind z. B.:

- Eine überraschende Frage: „Was wäre, wenn Ihr Unternehmen doppelt so schnell wachsen könnte – mit weniger Stress?"
- Eine persönliche Story: „Als ich vor drei Jahren fast Insolvenz anmelden musste, habe ich etwas Wichtiges gelernt
- Eine ehrliche Beobachtung: „Viele Unternehmer machen denselben Fehler – ich auch."

---

3. Rede mit Bildern – nicht in Floskeln
„Sprich bildhaft – Menschen erinnern sich an Geschichten, nicht an Zahlenkolonnen."

Ein Produkt kann man erklären – aber ein Gefühl bleibt haften. Unternehmer, die lernen, mit Metaphern, Analogien und Bildern zu sprechen, hinterlassen bleibenden Eindruck.

Beispiele für bildhafte Sprache:

- „Unser Geschäftsmodell ist wie ein Schweizer Taschenmesser – vielseitig, kompakt, effizient."
- „Das war für uns wie ein Sprung ins kalte Wasser – aber wir haben gelernt zu schwimmen."
- „Stellen Sie sich vor, Ihre Prozesse laufen wie ein gut geöltes Uhrwerk – das ist unser Ziel."

Du kannst dich heute noch an die Geschichten und Märchen erinnern die du vor langer Zeit als Kind gehört hast.

---

4. Zeige Begeisterung – aber sei kein Showmaster
„Sprich mit Leidenschaft – aber bleib du selbst."

Menschen folgen Energie – nicht Lautstärke. Carnegie zeigt: Leidenschaft kommt nicht durch Rampenlicht-Gehabe, sondern durch Überzeugung. Wenn du brennst, spüren es andere.

Praxis-Tipp:

- Betone, was dich an deinem Thema fasziniert – z. B.: „Was ich daran liebe, ist ..."
- Sprich aufrecht, aber natürlich – deine Körpersprache wirkt stärker als deine Worte.
- Nutze deine Stimme bewusst: mal laut, mal leise, mal langsam – wie ein Instrument.

5. Vorbereitung gibt Sicherheit – aber der Mensch berührt
„Bereite dich gründlich vor – und sprich dann frei."

Eine gute Präsentation lebt nicht vom perfekten Skript, sondern von echter Präsenz. Carnegie lehrt: Kenne deine Botschaft – und lass das Papier dann los.

Praktische Tools:

- Stichwortkarte statt ausformuliertem Text
- 3-Punkte-Regel: Ein guter Vortrag braucht eine klare Struktur mit maximal drei Kernaussagen
- Übe laut – nicht nur im Kopf

---

6. Angst ist normal – aber nicht hinderlich
„Aufregung ist kein Zeichen von Schwäche – sondern von Bedeutung."

Viele Unternehmer fürchten öffentliche Reden. Carnegie beruhigt: Auch erfahrene Redner sind nervös. Der Unterschied: Sie gehen **trotzdem** auf die Bühne – und lernen, mit der Energie umzugehen.

Tipps gegen Lampenfieber:

- Tief atmen vor dem Sprechen (4 Sekunden ein, 4 halten, 4 aus)
- Visualisiere ein positives Ergebnis
- Stelle dir vor, du sprichst mit einem Freund – nicht mit einer Jury

7. Kommunikation ist Beziehung – nicht Selbstdarstellung
Carnegies wichtigste Lektion: **Rede, um zu verbinden – nicht, um zu beeindrucken.**

Unternehmer, die nicht nur reden *über* ihr Unternehmen, sondern sprechen *mit* dem Menschen vor sich, sind erfolgreicher. Denn: Wirkung entsteht in Beziehung.

Stell dir bei jedem Gespräch die Frage:

- Was braucht mein Gegenüber wirklich – emotional, fachlich, menschlich?
- Wie kann ich meine Botschaft so verpacken, dass sie für den anderen bedeutsam wird?

Fazit:
Unternehmerischer Erfolg ist sprechbar

Wenn du klar formulierst, was du willst, wofür du stehst und wohin du führst – dann folgen dir Menschen. Dale Carnegie hat mit *„Besser miteinander reden"* ein Praxisbuch für echte Kommunikation geschrieben. Nicht für Blender. Sondern für Unternehmer, die führen wollen. **Sprich, wie du bist – und du wirst gehört.**

Mensch. Unternehmer. Macher.

Günter Reichelt

SONDERKAPITEL 4: DAS PETER-PRINZIP – WENN ERFOLG IN DIE UNWIRKSAMKEIT FÜHRT.

„In einer Hierarchie neigt jeder Beschäftigte dazu, bis zu seiner Stufe der Inkompetenz befördert zu werden." - – Laurence J. Peter

Ein Satz, der provoziert – und gleichzeitig eine tiefe Wahrheit in sich trägt. Das sogenannte **Peter-Prinzip**, formuliert von Laurence J. Peter und Raymond Hull in ihrem satirischen Klassiker *„Das Peter-Prinzip – Warum die Besten nicht nach oben kommen"*, ist mehr als nur eine humorvolle Abrechnung mit dem Büroalltag. Es beschreibt eine systematische Schwäche vieler Organisationen, ob in der Privatwirtschaft wie auch bei Behörden – und birgt eine wichtige Warnung für Unternehmer und Unternehmerinnen.

Was besagt das Peter-Prinzip?

In hierarchischen Organisationen werden Menschen in der Regel befördert, wenn sie auf ihrer derzeitigen Position gute Leistungen erbringen. Das Problem: Die neue Position verlangt oft völlig andere Fähigkeiten. Wer z. B. ein hervorragender Entwickler war, wird Teamleiter – und scheitert vielleicht an Führung, Kommunikation und Organisation.

Mit jeder weiteren Beförderung steigt das Risiko, dass jemand eine Stelle erhält, für die er oder sie **nicht mehr kompetent genug ist**. So entsteht ein System voller „Unfähiger" – auf jeder Hierarchieebene.

Warum ist das für Unternehme und Unternehmerinnen wichtig?

Als Gründer beförderst du dich permanent selbst – mit jeder Unternehmensphase, jedem Wachstumsschritt, jeder neuen Herausforderung:

Mensch. Unternehmer. Macher.

- Vom **Macher** zum **Manager**
- Vom **Visionär** zum **Prozessorientierten**
- Vom **Einzelkämpfer** zur **Führungskraft**
- Vom **Erfinder** zum **CEO**

Die Anforderungen ändern sich ständig – aber entwickelst *du* dich mit? Wenn nicht, trittst du in deine eigene „Unwirksamkeit" ein – genau das, was das Peter-Prinzip beschreibt.

Praxisbeispiel:
Ein Gründer baute ein Start-up aus dem Nichts auf. Leidenschaftlich, innovativ, kompromisslos. Doch mit dem Wachstum kamen Strukturen, Prozesse, Personalverantwortung. Er wollte weiter alles allein entscheiden – und verlor erst Übersicht, dann Führungskraft, dann Team.
Er war als Gründer brillant – aber als Manager überfordert. Das Unternehmen stagnierte. Erst als er sich externe Unterstützung holte und Verantwortung abgab, konnte das Wachstum wieder starten.

Was du daraus lernen kannst:

1. **Kompetenz ≠ Erfolg auf der nächsten Ebene**
   Was dich bis hierhergebracht hat, bringt dich nicht automatisch weiter. Jeder neue Schritt verlangt neue Fähigkeiten.
2. **Selbstreflexion ist Pflicht**
   Wo stösst du an deine Grenzen? Wo brauchst du Entwicklung, wo externe Hilfe? Ehrlichkeit mit dir selbst ist der erste Schritt.

3. **Nicht jeder muss alles machen**
   Unternehmerische Grösse heisst auch: loslassen, delegieren, Strukturen schaffen, in denen andere glänzen können.
4. **Lernen statt stagnieren**
   Investiere gezielt in deine persönliche Weiterentwicklung: Leadership, Kommunikation, Strategie, Finanzen, Organisation – je nachdem, was jetzt gefordert ist.

Reflexionsfragen zum Peter-Prinzip:
- Wo bin ich noch in meiner „Zone der Kompetenz" – wo schon darüber hinaus?
- Welche Fähigkeiten müsste ich entwickeln, um mein Unternehmen gut durch die nächste Wachstumsphase zu führen?
- Wo halte ich an alten Rollenbildern fest – aus Stolz, Unsicherheit oder Gewohnheit?
- Wo könnte ich delegieren oder Unterstützung holen, um meine Wirksamkeit wieder zu steigern?

Fazit:
Das Peter-Prinzip ist keine Verurteilung, sondern ein Weckruf. Es erinnert dich daran, dass Wachstum nicht nur *aussen*, sondern vor allem *innen* stattfinden muss. Du bist nicht nur Unternehmer – du bist auch ein lernender Mensch. Und das ist deine grösste Chance.

Peter-Prinzip in der Mitarbeiterführung – Talent fördern statt überfordern

Das Peter-Prinzip betrifft nicht nur dich selbst – es betrifft auch **deine Mitarbeitenden**. In deiner Rolle als Unternehmer triffst du Personalentscheidungen, die über den langfristigen Erfolg oder

Mensch. Unternehmer. Macher.

Misserfolg deines Unternehmens entscheiden. Und genau hier entfaltet das Peter-Prinzip oft unbemerkt seine destruktive Wirkung:

Befördert, weil jemand „gut ist" – nicht, weil er/sie „bereit ist"

Ein typisches Szenario: Eine Mitarbeiterin ist fachlich exzellent, engagiert, zuverlässig. Du willst sie belohnen – und gibst ihr mehr Verantwortung, vielleicht sogar eine Führungsrolle. Doch plötzlich funktioniert es nicht mehr: Das Team ist unzufrieden, Projekte stocken, sie wirkt überfordert, sie selbst ist deprimiert.

Was ist passiert? Du hast jemanden *ausgezeichnet für das, was er konnte – und «bestraft» mit einer Aufgabe, für die er nicht bereit war.* Übrig bleibt eine frustrierte Mitarbeiterin und schlecht Arbeit.

Kompetenz ist kontextabhängig

Das Peter-Prinzip erinnert uns: Menschen glänzen in ihrer Komfortzone – und stolpern ausserhalb davon, wenn sie nicht vorbereitet werden. Nicht jeder gute Fachmann wird ein guter Abteilungsleiter. Nicht jede loyale Assistentin wird eine strategisch denkende Projektmanagerin.

Was du als Unternehmer tun kannst:

- **Potenzial statt nur Leistung bewerten:**
  Frag dich nicht nur: „Ist diese Person gut in ihrem aktuellen Job?", sondern: „Hat sie das Potenzial und den Wunsch, die neue Rolle gut auszufüllen?"
- **Entwicklung begleiten – nicht nur Rollen verschieben:**
  Beförderung darf nicht das Ende der Entwicklung sein, sondern ihr Anfang. Biete gezielte Schulungen, Mentoring und Feedback – damit der Schritt auch gelingt.
- **Alternative Karrierepfade schaffen:**
  Nicht jeder muss führen, um aufzusteigen. Schaffe

Fachkarrieren, Projektrollen oder Innovationspfade – damit Talente wachsen können, ohne fehlplatziert zu werden.
- **Kultur der Ehrlichkeit pflegen:**
Ermutige deine Mitarbeiter, offen über Überforderung zu sprechen – ohne Angst vor Gesichtsverlust. So kannst du frühzeitig unterstützen oder korrigieren.

Beispiel aus der Praxis:
Ein Start-up beförderte seinen besten Entwickler zum CTO – logisch, oder? Leider nicht: Der CTO-Job bestand zu 70 % aus Personalgesprächen, Strategie und Abstimmung mit Investoren. Der Entwickler, genial im Coden, war frustriert – und wurde immer unproduktiver. Die Lösung? Bewahre ihm vor dem Burnout: Rückkehr zur Tech-Rolle, Einführung eines externen CTO. Der Entwickler blühte wieder auf – und die Firma auch.

Reflexionsfragen für deine Personalentscheidungen:
- Habe ich Mitarbeitende jemals „belohnt", indem ich sie auf eine ungeeignete Position gesetzt habe?
- Gibt es aktuell Teammitglieder, die in ihrer neuen Rolle weniger stark sind als zuvor?
- Welche Unterstützung biete ich Führungstalenten auf dem Weg zu ihrer neuen Verantwortung?
- Wie kann ich alternative Karrieremodelle in meinem Unternehmen etablieren?

Mensch. Unternehmer. Macher.

Abschliessendes Fazit:

Das Peter-Prinzip ist kein Aufruf zur Stagnation, sondern zur *bewussten Entwicklung*. Unternehmer, die dieses Prinzip kennen und ernst nehmen – sowohl für sich selbst als auch für ihr Team – schaffen Strukturen, in denen Talente erblühen und Unternehmen nachhaltig wachsen können.

Führung bedeutet nicht, Menschen zu „erheben", sondern sie in ihren besten Rollen zu sehen und zu stärken. Nur dann gibst du ihm Zufriedenheit und Glück.

Und das gilt auch für dich selbst: Achte darauf, dass du nicht in Aufgaben landest, die dich langfristig schwächen – nur weil „man das eben so macht".

Führung heisst <u>nicht</u>: ständig befördern.
Führung heisst: *den richtigen Menschen die richtige Aufgabe zur richtigen Zeit geben.*

Schau dich in deinem Umfeld um, in der Politik und in der Wirtschaft Du wirst viele Beispiele finden, auf die das Peter Prinzip zutrifft. Mach nicht die gleichen Fehler.

Günter Reichelt

SONDERKAPITEL 5: KÖRPERSPRACHE – DIE ÄLTESTE SPRACHE DER WELT

Nachdenken mit dem Körper. Reden mit dem Herzen.»
Günter Reichelt

„Die Zunge kann lügen – der Körper nie!" – Samy Molcho

Körpersprache ist die ursprünglichste Form menschlicher Kommunikation. Lange bevor der Mensch gelernt hat, Worte zu formen, sprach er bereits mit Blicken, Haltungen, Bewegungen und Gesten. Und auch heute noch – in einer hochdigitalisierten Welt voller Meetings, Videocalls und E-Mails – beeinflusst die Körpersprache unsere Wirkung mehr, als wir wahrhaben wollen.

Der international bekannte Körpersprache-Experte **Samy Molcho** hat mit seinen Büchern, Vorträgen und Bühnenauftritten wie kaum ein anderer das Bewusstsein dafür geschärft, dass Kommunikation nicht bei den Lippen endet – sondern beim ganzen Menschen beginnt.

Die 7 wichtigsten Prinzipien der Körpersprache für Unternehmer – und wie du sie anwendest.

1. Die Sprache, die nie schweigt

„Du kannst aufhören zu sprechen, aber dein Körper spricht weiter. Er ist der grösste Schwätzer aller Zeiten." – Samy Molcho

Nach wissenschaftlichen Erkenntnissen werden **rund 80 % aller zwischenmenschlichen Reaktionen und Entscheidungen durch nonverbale Signale ausgelöst.** Das heisst: Noch bevor du auch nur einen

Satz gesagt hast, hat dein Körper bereits „geredet". Und dein Gegenüber hat unbewusst reagiert.

Das hat enorme Auswirkungen auf jede unternehmerische Situation:

- Vorstellungsgespräche
- Verkaufsgespräche
- Teammeetings
- Investorenpräsentationen
- Verhandlungen

Der erste Eindruck entsteht in **Sekundenbruchteilen** – und wird nicht durch Worte, sondern durch Haltung, Gang, Mimik, Augenkontakt und Präsenz geprägt.

---

2. Was Körpersprache über dich verrät

„Wenn ein Mensch nicht fühlt, was er sagt, ist es egal, was er sagt." – Samy Molcho

Deine Körpersprache ist der **sichtbare Ausdruck deiner inneren Haltung**. Wenn du überzeugt bist – zeigt dein Körper das. Wenn du zweifelst – ebenfalls. Es geht also nicht darum, künstliche Posen einzustudieren, sondern authentisch zu kommunizieren. Die Körpersprache wirkt am stärksten, wenn sie **echt** ist.

Beispiele:

- Wer nervös ist, zieht unbewusst die Schultern hoch oder versteckt seine Hände.

- Wer sich überlegen fühlt, nimmt mehr Raum ein, lehnt sich zurück oder kreuzt die Arme.
- Wer offen ist, zeigt offene Handflächen, richtet sich auf und hält Blickkontakt.

3. Die Wirkung auf andere – und auf dich selbst

Was viele unterschätzen: Körpersprache wirkt nicht nur **nach aussen**, sondern auch **nach innen**.

Wenn du dich aufrichtest, beginnst du, dich sicherer zu fühlen. Wenn du lachst, beginnt dein Gehirn Glückshormone auszuschütten. Wenn du Platz einnimmst, verändert sich deine innere Haltung.

Molcho spricht hier von einem **Kreislauf zwischen Gefühl und Ausdruck**. Körpersprache ist keine Einbahnstrasse – sie beeinflusst auch, **wie du dich selbst wahrnimmst**. Daher ist sie auch ein wichtiges Werkzeug für deine persönliche Entwicklung.

4. Der Körper denkt mit: Bewegung schafft Perspektive

Ein faszinierender Aspekt der Lehre Samy Molchos ist die Verbindung von Körperhaltung und geistiger Beweglichkeit.

„Einen neuen Standpunkt einnehmen" ist nicht nur eine Metapher – es funktioniert auch körperlich.

Wenn in einer Besprechung oder Konferenz keine neuen Ideen entstehen, empfiehlt Molcho: **Steht auf. Bewegt euch. Wechselt den Platz.** Das Gehirn reagiert unmittelbar auf neue räumliche Impulse. Neue Blickwinkel führen oft zu neuen Denkmustern.

Mensch. Unternehmer. Macher.

Konkrete Tipps aus der Praxis:

- Stell den Kaffee nicht auf den Besprechungstisch, sondern in eine Ecke – Bewegung bringt neue Energie.
- Lass in kreativen Sitzungen die Teilnehmer bewusst aufstehen und im Raum die Position wechseln.
- Mach kurze „Körperpausen" bei Denkblockaden – z. B. durch bewusstes Strecken, Atmen, Blickwechsel.

---

5. Unternehmerische Körpersprache – Haltung zeigen

Als Unternehmer bist du ständig in der Öffentlichkeit – ob auf der Bühne, im Team oder im Netz. Du verkörperst dein Unternehmen. Die Frage ist also nicht, **ob** du wirkst – sondern **wie**.

Wichtige Signale, auf die du achten solltest:

- **Haltung:** Aufrecht, offen, verwurzelt – das signalisiert Klarheit und Sicherheit.
- **Gestik:** Klar, strukturiert, unterstützend – nicht hektisch oder versteckt.
- **Augenkontakt:** Direkt, aber nicht starr – Blickkontakt verbindet.
- **Mimik:** Stimmig zu deiner Botschaft – ein echtes Lächeln öffnet mehr Türen als ein langes Argument.
- **Raumverhalten:** Positioniere dich bewusst – Nähe schafft Vertrauen, Distanz Autorität.

6. Authentizität statt Rhetorik-Show

Körpersprache ist kein Theater. Wer versucht, Körpersignale zu manipulieren, verliert an Glaubwürdigkeit. Samy Molcho betont immer wieder:

„Was wir sind, sind wir durch unseren Körper. Der Körper ist der Handschuh der Seele."

Das Ziel ist nicht, Körpersprache zu „lernen", sondern sich **selbst bewusster wahrzunehmen** – und stimmiger zu kommunizieren.

---

7. Fazit: Ganzheitlich kommunizieren – mit Körper, Herz und Haltung

Wenn du als Unternehmer langfristig erfolgreich sein willst, brauchst du nicht nur eine gute Idee und ein starkes Team. Du brauchst auch die Fähigkeit, Menschen zu gewinnen – und das gelingt nur, wenn **dein Körper, deine Worte und deine innere Haltung** eine Einheit bilden.

Denn:

Menschen folgen Menschen – nicht PowerPoint-Folien.
Menschen glauben dem, was du fühlst – nicht dem, was du sagst.

Körpersprache ist dein stärkstes Instrument – nutze es bewusst.

Praxisteil:
Körpersprache verstehen & gezielt einsetzen – Dein Unternehmer-Leitfaden

Ziel: Wirkungsvoll auftreten, Vertrauen aufbauen und authentisch kommunizieren – mit deinem ganzen Körper.

Mensch. Unternehmer. Macher.

1. DER ERSTE EINDRUCK (innerhalb von 3 Sekunden)

Körpersignal	Bedeutung	Unternehmer-Tipp
Haltung	Aufrecht, Schultern offen, Kopf gerade	Präsentiere dich ruhig & klar – signalisiere Souveränität
Blickkontakt	Direkt, aber freundlich	Halte den Blickkontakt beim Begrüssen 2–3 Sekunden
Lächeln	Offen, echt, sympathisch	Ein echtes Lächeln wirkt Wunder – oft der Türöffner überhaupt
Händedruck	Fest, aber nicht dominant	Zeigt Selbstvertrauen ohne Machtdemonstration

Merke: Du wirst gelesen, bevor du sprichst.

---

2. IN MEETINGS & PRÄSENTATIONEN

Körpersignal	Bedeutung	Unternehmer-Tipp
Gestik	Unterstützend, offen, nicht hektisch	Verwende ruhige, klare Gesten zur Betonung
Hände sichtbar	Offenheit, Ehrlichkeit	Halte die Hände **oberhalb der Tischkante** – Hände, die man nicht sieht, schaffen Misstrauen

Körpersignal	Bedeutung	Unternehmer-Tipp
Beinposition	Stabil, bodenständig	Steh symmetrisch, beide Füsse fest auf dem Boden
Raum einnehmen	Selbstbewusstsein	Beweg dich sicher durch den Raum, wenn du präsentierst – aber gezielt, nicht nervös

Tipp:
Wähle einen Standplatz mit Übersicht, aber auch Nähe zum Publikum.

3. IN VERHANDLUNGEN & KONFLIKTEN

Körpersignal	Bedeutung	Unternehmer-Tipp
Kopfhaltung leicht geneigt	Zuhören, Empathie	Zeigt, dass du den Standpunkt des anderen verstehen willst.
Ruhe in der Bewegung	Kontrolle, Selbstbeherrschung	Vermeide zappeln, klopfen, ständiges Anpassen der Kleidung.
Mikromimik beobachten	Unbewusste Reaktionen	Achte auf kleine Regungen im Gesicht deines Gegenübers – sie verraten Zustimmung oder Skepsis.

Ziel:
Klar bleiben – aber offen. Stärke zeigen – ohne Aggression.

Mensch. Unternehmer. Macher.

4. DER GANZHEITLICHE CHECK – Körpersprache bewusst trainieren

Tägliche Mini-Übungen (je 5 Minuten):

- **Spiegel-Check**: Täglich deine Haltung im Spiegel reflektieren.
- **Videoanalyse**: Nimm dich beim Sprechen auf (z. B. bei Präsentationen) – analysiere Mimik, Gestik, Stimme.
- **Power-Stand**: 2 Minuten täglich in „offener Siegerpose" stehen – stärkt Selbstvertrauen (siehe Amy Cuddy-Studie).
- **„Stille Präsenz"**: Trainiere, in einem Raum präsent zu sein, ohne zu reden – wie wirkt deine Haltung?

---

5. Körpersprache-Quickcheck für Unternehmer (vor wichtigen Terminen)

- **Bin ich aufrecht und offen?**
- **Sind meine Schultern entspannt?**
- **Strahle ich mit meinem Gesicht Ruhe und Freundlichkeit aus?**
- **Sind meine Hände sichtbar?**
- **Bin ich innerlich klar und stimmig mit dem, was ich sagen werde?**

Fazit: **Deine Körpersprache ist deine unterschätzte Superkraft.**
Nutze sie bewusst – nicht zum Manipulieren, sondern zum **Verstärken deiner Wirkung**. Denn*:*

„Der Körper ist das Wort des Herzens." – Samy Molcho

Günter Reichelt

SONDERKAPITEL 6: DAS REICHELT-PRINZIP – RÜCKSCHLÄGE ALS STARTSIGNAL FÜR ETWAS BESSERES – RÜCKSCHLAG ZUR CHANCE.

„Bei Rückschlägen nicht verzagen. Bleibe optimistisch und wachsam. Schau nach vorne. – Günter Reichelt

So wirst du die Chance erkennen und ergreifen, aus dem Rückschlag etwas Besseres zu machen." -- Günter Reichelt

Rückschläge gehören zum Leben. Im Privaten. Im Beruf. Im Unternehmertum. Sie sind unvermeidbar – aber Rückschläge sind auch **verwandlungsfähig**.

Während viele in Krisen erstarren, abwarten oder in Schuldgefühle verfallen, liegt in einem Moment des Scheiterns oft, ich behaupte immer, der **entscheidende Wendepunkt zum Besseren**. Nicht, weil das Scheitern gut ist – sondern weil **du entscheidest**, was du daraus machst.

Und genau hier setzt das **Reichelt-Prinzip** an:

Geh sofort in den Aktivitätsmodus. Das ist deine größte Chance, das Unheil abzumildern – und etwas Besseres daraus zu machen.

Halte den Kopf oben, bleib optimistisch und du siehst die neue Chance. Greife zu.

Dieses Prinzip lässt sich in drei einfachen Schritten zusammenfassen:

1. **Erkenne den Fehler, den Rückschlag – ohne Drama, ohne Verdrängung – und nimm ihn an.** Kein Vertuschen, kein Schönreden, keine Ausflüchte.
2. **Wechsle in den Lösungsmodus – Reagiere schnell, proaktiv und lösungsorientiert.**

Das Ziel ist nicht Schuldvermeidung, sondern Schadensbegrenzung und neue Chancen.
3. **Nutze den Rückschlag als Hebel für etwas Besseres. Bleib optimistisch und gut gelaunt.**
4. **Kommuniziere ehrlich, mutig und verantwortungsvoll.**
Wer Transparenz und Tatkraft zeigt, gewinnt Vertrauen – besonders in der Krise.

Mein persönliches Schlüsselerlebnis:

Ich war 21 Jahre alt. Verkaufsleiter Innendienst bei der Stickereifabrik Hermann Rettig in Opladen. Meine Verantwortung: die komplette Auftragsabwicklung mit den Großkunden der Damenmodeindustrie.

Dann passierte es: Ein gravierender Fehler bei der Weitergabe eines Auftrags an die Fertigung. Statt einer Stickbordüre ließ ich zwei produzieren. Statt /1 habe ich /2 notiert. Ein Detail – mit fataler Auswirkung. Die Ware war für diesen Kunden **nicht verwendbar.**

Ich erstarrte. Drei Tage lang war ich gefangen in Selbstzweifeln, Scham, Grübeleien. Wie konnte mir das passieren usw. Dann raffte ich mich auf und ging mit hängendem Kopf zum Chef.

Herr Rettig hörte zu – regungslos. Dann nur ein Satz: *„Und, was wollen Sie jetzt machen?"*

In diesem Moment zündete ein Gedanke wie ein Blitz: Ich sprang auf, rannte aus dem Chefbüro mit einem einzigen Satz: **„Ich weiß es."**

Ich rief erst einmal den Kunden an gesagt ihm, dass ich einen gravierenden Fehler gemacht habe und dass ich hoffe, dass er mit hilft den Fehler zu beheben. Er sagt zu. Ich hielt in ständig auf dem

Laufenden. Der Plan war sehr komplex, wie man sich denken kann, aber er gelang bestens. Vom Kunden, Chef und den Kollegen wurde ich gelobt, meine Position war fester als zuvor.

Dieser Moment prägte mich sehr tief. **Nie wieder in meinem Leben habe ich seitdem auch nur eine Sekunde gezögert, um in den Angriffmodus zu gehen.**

Seitdem: **Keine Schockstarre mehr. Keine Schuldspirale. Nur optimistische Lösung. Sofort.**

Beispiele aus dem unternehmerischen Alltag

Produktfehler kurz vor Markteinführung:
Statt den Launch zu verschieben, nutze ihn als offene Testphase – mit ehrlicher Kommunikation, Rückmeldungen und anschließender Verbesserung. Der Vertrauensgewinn kann größer sein als bei einer stillen Korrektur.

Teamkonflikt eskaliert:
Nicht ducken. Gespräche sofort führen. Ursachen benennen. Team in die Lösungsfindung einbeziehen. Der Prozess wird das Team stärker zusammenschweißen als zuvor.

Eine Bewerbung wird abgelehnt? Vielleicht, weil dich etwas Besseres sucht. Du wirst es finden.

Ein Mitgründer steigt aus? Er wird den Weg freimachen für jemanden, der besser zu deiner Vision passt.

Großkunde springt ab:
Nutze die freigewordene Kapazität, um neue Märkte zu testen und zu finden. Vielleicht war die Abhängigkeit von diesem Kunden ohnehin zu groß.

Mensch. Unternehmer. Macher.

Ein Vertrag wird gekündigt und du stehst vor dem Nichts:
Ein wichtiger Kunde oder Auftraggeber springt ab. Panik. Leere.
Nein.

Doch wenn du aufstehst, telefonierst, netzwerkst, präsent bleibst – entstehen neue Möglichkeiten. Sicher sogar ein Auftrag, der größer ist, besser bezahlt – und **dir persönlich viel mehr entspricht.**

Bleib immer optimistisch. Das Alte musste gehen, damit das Neue kommen konnte. Rückschläge sind immer verdeckte Einladungen zur Weiterentwicklung.

Beispiele aus dem privaten Leben:

Die Wohnung wird dir gekündigt
Du hattest dein Zuhause, deine Gewohnheiten – und plötzlich der Schock: Kündigung.

Doch wenn du **nicht verzagst**, sondern aktiv wirst, dich umschaust, neu ausrichtest, geschieht oft Unerwartetes: Plötzlich findest du eine neue Wohnung – schöner, heller, ruhiger gelegen, in besserer Umgebung.

Was zuerst wie ein Verlust aussah, wird zur Verbesserung deiner Lebensqualität.

Trennung in der Partnerschaft:
Du bist enttäuscht, verletzt – und zweifelst an dir. Sei freier, mutiger – und entwickle dich weiter, bleib offen.

Und irgendwann tritt ein Mensch in dein Leben, mit dem du dich auf Augenhöhe entfaltest.

Das Reichelt-Prinzip ist keine Taktik – es ist eine Haltung – verinnerliche sie.

Fehler passieren. Immer.
Die Frage ist nicht **ob**, sondern **wann – und wie du dann reagierst.**

Wer handelt, bevor die Angst lähmt, hat die größte Chance, einen Fehler in Fortschritt zu verwandeln.

Rückschläge sind wie eine Weggabelung: Stillstand oder Weitergehen. Opferrolle oder Gestalterrolle. Krise oder Kurskorrektur.

Das Reichelt-Prinzip ist mehr als eine Methode. Um erfolgreich über alle Probleme hinweg zu werden oder zu bleiben, mach das Reichelt-Prinzip zu deinem eigenen Prinzip. Bleibe immer

- aktiv statt passiv.
- lösungsorientiert statt problemfixiert.
- mutig statt gelähmt.

Der Schlüssel liegt bei Optimistisch und nicht bei pessimistisch und Niedergeschlagenheit.

Sei immer zuversichtlich, dass es immer eine bessere Lösung geben und dass sie immer funktionieren wird.

Reflexion: Wie gehst du mit Rückschlägen um?

- Was war dein bisher schlimmster beruflicher Fehler – und wie hast du reagiert?
- Wie viel Zeit vergeht bei dir zwischen Erkenntnis und Reaktion?
- Bist du bereit, Verantwortung zu übernehmen – auch ohne Schuld?

- Was würde sich ändern, wenn du Rückschläge als Startsignal verstehst?

Fazit:
Du kannst nicht alles kontrollieren – aber wie du reagierst, liegt bei dir. Rückschläge sind Einladungen zur Weiterentwicklung.

Das Reichelt-Prinzip fordert Mut. Mut zur Ehrlichkeit, zur Verantwortung – und zur sofortigen konzentrierten Aktivität.

Günter Reichelt

PRAXIS-TEIL: TOOLBOX FÜR UNTERNEHMER – WERKZEUGE & REFLEXIONEN FÜR DEN ALLTAG

„Zwischen Wissen und Handeln liegt die Disziplin der Umsetzung."
– Günter Reichelt

Dieses Kapitel ist dein Werkzeugkasten. Es enthält konkrete Routinen, Reflexionsfragen und Tools, die du direkt in deinem Alltag als Unternehmer oder Gründer einsetzen kannst. Die Idee: Du brauchst keine weitere To-do-Liste, sondern einfache, kraftvolle Impulse für echte Wirkung.

---

1. Morgenroutine für Klarheit & Fokus (15 Minuten täglich)

Ziel: Mit innerer Ruhe und strategischem Fokus in den Tag starten.

Schritt	Dauer	Inhalt
Journaling	5 Min	Wofür bin ich heute dankbar? Was ist mein Fokus? Was lasse ich los?
Visualisierung	3 Min	Wie sieht mein erfolgreichster Tag heute aus?
Prioritäten-Check	3 Min	Was sind meine 3 wichtigsten Aufgaben heute?
Atemübung	2–4 Min	4-7-8-Atmung zur Beruhigung des Nervensystems

2. Wöchentliche Selbstreflexion (15–30 Minuten)

Ziel: Lernen aus der Woche – emotional, strategisch und menschlich.

Reflexionsfragen:

- Was lief gut – und warum?
- Was war herausfordernd – und wie habe ich reagiert?
- Welche Entscheidungen waren stimmig – welche nicht?
- Wo habe ich meine Werte gelebt – wo nicht?
- Was nehme ich mir konkret für nächste Woche vor?

Tool-Tipp: Nutze dafür ein eigenes Notizbuch oder digitale Tools wie Notion, Evernote oder Reflect.

---

3. Monats-Check-in (60 Minuten / 1x pro Monat)

Ziel: Strategisch innehalten und Kurs nachjustieren.

Fokus	Leitfragen
Ziele	Bin ich auf Kurs? Muss ich etwas ändern?
Energie	Was gibt mir Kraft – was zehrt?
Beziehungen	Welche Menschen will ich näher in mein Leben holen – von welchen will ich mich lösen?

Fokus	Leitfragen
Vision	Lebe ich, was ich erreichen will? Oder verliere ich mich im Alltag?

Extra: Lade einen Mentor, Sparringspartner oder Coach einmal im Quartal für ein 90-Minuten-Gespräch zu diesem Rückblick ein.

4. Die 10-Punkte-Checkliste für Menschlichkeit im Unternehmeralltag

- Ich höre wirklich zu – nicht nur, um zu antworten.
- Ich gebe regelmässig echtes, wertschätzendes Feedback.
- Ich nehme mir Zeit für meine eigenen Emotionen.
- Ich danke – bewusst und oft.
- Ich mache Pausen – ohne schlechtes Gewissen.
- Ich kommuniziere transparent, auch wenn es schwierig ist.
- Ich bin Vorbild – auch, wenn keiner zusieht.
- Ich sehe Fehler als Lernchancen, bei mir und anderen.
- Ich schütze meine Energie, wie meinen Kalender.
- Ich bin bereit, nicht perfekt zu sein – aber präsent.

5. Micro-Tools für stressige Phasen

- **3–3–3-Atemtechnik:** 3 Sekunden einatmen – 3 Sekunden halten – 3 Sekunden ausatmen. 3 Minuten lang.
- **Inbox-Zero-Zeitfenster:** Täglich feste Slots für E-Mails (z. B. 12:00–12:30 und 17:00–17:30).

- **„One Tab"-Fokuszeit:** Nur ein Browser-Tab, ein Thema, 30 Minuten Deep Work.
- **Dankbarkeits-Ping:** Einmal täglich einem Menschen ehrlich Danke sagen – per Sprachnachricht oder persönlich.

---

6. Die Unternehmer-Reflexion zum Jahresende

Ziel: Mit Tiefe abschliessen – mit Klarheit neu beginnen.

Leitfragen für deine persönliche Rückschau:

- Was hat mich in diesem Jahr am meisten wachsen lassen?
- Wo war ich mutig – wo zu vorsichtig?
- Welche Beziehung hat mich besonders inspiriert?
- Welche Entscheidung war goldrichtig – und warum?
- Welche Rolle will ich im neuen Jahr bewusst stärken?

Tipp: Plane ein Retreat, ein verlängertes Wochenende allein oder im Team – ohne To-do-Listen, nur mit Zeit zum Denken und Fühlen.

Dein Fazit:
Reflexion ist kein Luxus, sondern Produktivität auf hohem Niveau.

Ein erfolgreiches Leben als Unternehmer basiert auf einem starken inneren Fundament.

Günter Reichelt

NACHWORT: UNTERNEHMER SEIN. MENSCH BLEIBEN.

Dieses Buch ist kein Lehrbuch im klassischen Sinne. Es ist eine Einladung – zur Selbstreflexion, zum Innehalten, zum mutigen Weitergehen. Wenn du bis hierher gelesen hast, dann gehörst du zu den Menschen, die nicht nur *Unternehmen gründen* wollen, sondern *Verantwortung übernehmen* – für sich selbst, für andere, für die Zukunft.

In einer Zeit, in der Wachstum oft mit Geschwindigkeit verwechselt wird und Erfolg in Klickzahlen gemessen wird, ist es ein unternehmerischer Akt, Menschlichkeit als Erfolgsfaktor zu leben. Es ist nicht immer der leichteste Weg. Aber es ist der einzig nachhaltige.

Sei unbequem in deiner Ehrlichkeit. Sei klar in deinen Werten. Sei mutig in deiner Menschlichkeit.

Denn Unternehmen und die Gesellschaften brauchen Menschen mit Charakter. Mit Rückgrat. Mit Herz. Und mit Humor – gerade dann, wenn's ernst wird.

Vielleicht wirst du irgendwann zurückblicken – auf dein erstes Produkt, dein erstes Team, deinen ersten gescheiterten Pitch – und du wirst lächeln. Weil du weisst: Du hast nicht nur ein erfolgreiches Unternehmen aufgebaut, sondern bist dir selbst treu geblieben.

Das ist wahre unternehmerische Grösse.

Ich danke dir für dein Vertrauen, für deine Zeit – und vor allem für deinen Weg. Möge er erfolgreich, bedeutungsvoll und zutiefst menschlich sein.

Mit Respekt und Zuversicht, **Günter Reichelt**

Mensch. Unternehmer. Macher.

KURZPROFIL GÜNTER REICHELT

Günter Reichelt, geboren 1949, ist ein deutsch-schweizerischer Serienunternehmer, Philanthrop und Mentor für junge Gründer.

Seine unternehmerische Laufbahn führte ihn von ersten Führungsaufgaben im Alter von 20 Jahren in der Textil- und Modeindustrie, über erfolgreiche Gründungen im Bereich Ergonomie, Internettechnologie und Transparenzplattformen. Seit 25 Jahren ist er erfolgreicher Unternehmensberater, beispielsweise für die Immobilienwirtschaft, für Gesundheitstechnologien, der Kosmetikwirtschaft und hat Sitz in Verwaltungsräten inne.

Mit der Gründung von Albis Philanthropie in Zürich unterstützt er heute als Philanthrop heute ambitionierte Start-ups dabei, nicht nur Unternehmen erfolgreich aufzubauen, sondern auch unternehmerische Persönlichkeiten zu entwickeln.

Mit seinem Buch „**Mensch. Unternehmer. Macher.**" möchte er Gründerinnen und Gründer inspirieren, nicht nur Unternehmen aufzubauen, sondern auch an ihrer eigenen Persönlichkeit zu arbeiten – für einen eigenen nachhaltigen persönlichen und wirtschaftlichen Erfolg, wirtschaftliche Entwicklung und gesellschaftlichen Fortschritt.

Er steht für Innovationskraft, konsequente Kundenorientierung und in wertebasiertes Unternehmertum.

Günter Reichelt

Bemerkungen und Notizen

Mensch. Unternehmer. Macher.

Bemerkungen und Notizen